Hello,

seit 1. Januar 2021 ist es also wahr: »Brexit done!« – die Briten sind nicht mehr in der EU. Also ist die Einreise weniger einfach (Reisepass!) und die Kontrollen fallen genauer aus. Das sollte aber nicht davon abhalten, London zu besuchen. Diese fantastische Stadt lohnt jeden Aufwand! Und nebenbei: Die Londoner waren mehrheitlich gegen den Brexit ...

ALTE BEKANNTE, NEUE HOTSPOTS

Birgit Weber präsentiert in den ersten drei Kapiteln die Schokoladenseiten der Metropole wie Big Ben, Westminster Abbey, Buckingham Palace oder Tower Bridge. Bei einem ersten oder zweiten Besuch reicht dann oft die Zeit nicht mehr, um auch den Osten und Nordwesten der Millionenstadt zu erkunden. Schade! Der Osten erlebte eine steile Karriere vom Armenviertel zur „trendigen Meile", und nicht viel anders erging es Nordwest-London. Ich habe mir fest vorgenommen, bei meinem nächsten London-Besuch einen Abstecher zum Regent's Canal zu machen – vielleicht sogar die von Birgit Weber empfohlene Paddeltour zu absolvieren (s. S. 101) – und einen Bummel auf dem Camden Market einzuplanen.

GRÜNE OASEN IN DER CITY

Apropos Camden Market, weitere gute Shoppingtipps finden Sie in der Rubrik „Unsere Favoriten" auf S. 20. Wenn Sie dann vom Trubel eine Pause benötigen, helfen unsere Vorschläge für Grüne Oasen (S. 96). Und wenn es ein etwas längerer Break sein soll: auf in die Randbezirke. Toll ist es, dass man Greenwich, Richmond, Kew Gardens und Hampton Court per Boot erreichen kann – Erholung kombiniert mit herrlichen Ausblicken auf die Stadtlandschaft!
Herzlich

Ihre

Birgit Borowski
Programmleiterin DuMont Bildatlas

»SO ETWAS WIE LONDON GIBT ES NIRGENDS. ÜBERHAUPT NICHT, EGAL WO.«

VIVIENNE WESTWOOD

Unsere Autorin Birgit Weber erfüllte sich bei ihrem letzten Aufenthalt in London einen lang gehegten Wunsch: am Wochenende des offenen Gartens (»Open Garden Squares Weekend«) private Gärten, versteckte Oasen und Dachterrassen wie den Roofgarden von Nomura zu besichtigen.

Dieses Bild hat Georg Knoll ausnahmsweise nicht selbst geschossen: Auf dem Highgate Cemetery bat er Passanten, ihn neben dem Grab von Karl Marx abzulichten.

22

Diesen Anblick kennt die Welt: das Parlament mit Big Ben und die Themse.

40

58

Altes und Neues in trauter Eintracht bietet die City of London.

Willkommen im Westen – auch zum Karneval in Notting Hill

66

Nicht nur an Piccadilly Circus gilt: Londons Verkehr ist ein Thema für sich.

Unsere Favoriten

Die interessantesten Shoppingmeilen
Schrill, schräg, schön – in London gibt es schlicht alles. Nur wo?

Die besten historischen Pubs
Einmal Pub, immer Pub: »Die Menschheit hat bis heute nichts Besseres erfunden ...« (Samuel Johnson).

Die schönsten grünen Oasen
In diesen Parks und Gärten ist Entspannung garantiert.

Das Beste erleben

Berührend, aufregend und spannend ...
sind unsere Ideen, die wir für Ihren Aufenthalt in London und Umgebung zusammengetragen haben.

Reiner Genuss

* 1 *

BOROUGH MARKET

Alte Marktkultur unterm Bahnbogen: Hier treffen sich genussfreudige Gourmets und Köche zum Einkauf.
Seite 56

* 2 *

RICHMOND

Gemächlich plätschert die Themse durch das ländliche London – vom Boot aus kann man es genießen.
Seite 114

4

Tolle Atmosphäre

* 3 *

COVENT GARDEN

Unterhaltung, Spaß und buntes Treiben mit Straßenkünstlern am ehemaligen Gemüsemarkt.
Seite 39

* 4 *

LONDON EYE

Aus den Glaskapseln am »Riesenauge« auf die Stadt schauen: ein Rundumpanorama.
Seite 57

* 5 *

HOUSES OF PARLIAMENT

Mitten hinein ins politische Machtzentrum – zur Mutter aller Parlamente.
Seite 37

* 6 *

BUCKINGHAM PALACE

Zum Tee bei den Royals:
Im Sommer ist der Stadtpalast der königlichen Familie geöffnet.
Seite 38

Grüne Wunder

*** 7 ***

HYDE PARK

Die grüne Lunge Zentral-Londons ist zu jeder Tages- und Jahreszeit erholsam.

Seite 71

*** 8 ***

KEW GARDENS

Im grünen Weltkulturerbe an der Themse seltene Pflanzen bestaunen und durch die Spitzen der Bäume laufen.

Seite 113

Große Kunst

*** 9 ***

BRITISH MUSEUM

Acht Millionen Objekte zur Kulturgeschichte der Menschheit unter einem Kuppeldach vereint.

Seite 100

*** 10 ***

WESTMINSTER ABBEY

Die Kirche der Monarchen: Hier werden Könige gekrönt – und begraben..

Seite 37

*** 11 ***

ST PAUL'S CATHEDRAL

Hoch hinauf in die Kuppel des mächtigen Doms und dann hinaus für den sagenhaften Blick auf London.

Seite 55

*** 12 ***

TOWER OF LONDON

Mittelalterliche Festungsanlage mit Gespenstern und Kronjuwelen, von Raben bewacht.

Seite 56

ALLES IM FLUSS

»Ungeheure Stadt! Unbegreiflich und unerfasslich lag sie da zu beiden Seiten des Flusses«, schrieb einst John Henry Mackay, und im Grunde ist dem bis heute wenig hinzuzufügen. Weshalb wir an dieser Stelle einmal ganz auf die Worte des Dichters achten, das Bild betrachten und ansonsten: schweigen wollen.

PICCADILLY
CIRCUS W1
THEATRE
TICKETS
ON SALE HERE
LONDON
EVERYONE
WELCOME
#LONDONISOPEN
West
End.
PUBLIC UNDERGROUND SUBWAY

A NIGHT ON THE TOWN

Wer einmal hier am Piccadilly Circus mit Blick in die Regent Street gestanden hat, der weiß: Diese Stadt vibriert, bei Tag und bei Nacht. Kein Wunder, dass alle dorthin wollen. Mit gutem Grund, wie auch die Worte des Dichters und Gelehrten Samuel Johnson (1709 bis 1784) sagen: »London hat mir alles vom Leben gezeigt, was die Welt zu bieten hat.«

KÖNIGLICHE PRACHT

Happy birthday, Queen Elizabeth II: Am 21. April feiert das seit 1952 amtierende Oberhaupt des 52 Staaten umfassenden Commonwealth of Nations seinen Geburtstag – die offiziellen Feierlichkeiten mit der Parade „Trooping the Colour" finden aber traditionell immer erst im Juni statt, wegen des Wetters. Auf diesem Bild ist der am 9. April 2021 verstorbene Prinz Philip noch an der Seite der Queen.

FILMREIF

Die ganze Stadt ist eine (Film-)Kulisse: Leadenhall Market zum Beispiel, die 1881 errichteten Markthallen, waren im ersten Harry Potter-Film („Harry Potter und der Stein der Weisen") zu sehen: Dortwurden die in der „Winkelgasse" spielenden Szenen gedreht.

MARKET
PIZZAEXP
REISS

ALT UND NEU

Von der Tower Bridge ist es nicht weit bis zur City Hall am Südufer der Themse. Das von Sir Norman Foster entworfene Rathaus ist eigenwillig gestaltet – die Form ergibt sich aber aus ihrer Funktion: Sie verringert die Oberfläche des Baus und hilft, dessen Energieeffizienz zu verbessern.

HOCH HINAUS

Dem Himmel so nah wie sonst ohne Flügel nur selten ist man im Sky Garden des im Volksmund »Walkie-Talkie«, offiziell deutlich prosaischer nach seiner Adresse »20 Fenchurch Street« genannten Hochhauses

Die interessantesten Shoppingmeilen

SCHRILL, SCHRÄG, SCHÖN

Lost in the City? Kann beim Shopping schon mal passieren, erst recht in London. Zur ersten Orientierung finden Sie deshalb hier ein paar besonders gute Adressen. Um dann vor Ort sagen zu können: Let's get lost!

❶ Piccadilly

Fortnum & Mason verkauft nun schon seit 300 Jahren Lebensmittel. Inzwischen hat sich das mintgrüne Kaufhaus zum Luxustempel gemausert, mit handgemachten Pralinen, feinsten Tees und einer hervorragenden Feinkostabteilung. Die Queen weiß halt, was schmeckt – denn der Laden gehört zu ihren auserwählten Hoflieferanten.

Fortnum & Mason, 181 Piccadilly, Mo.–Sa. 10.00–20.00, So. 12.00–18.00 Uhr, www.fortnumandmason.com, U-Bahn: Piccadilly

❷ Regent Street

Hier bestimmen heute die Flagshipstores großer Marken wie Apple, Burberry, Barbour, Lagerfeld, Ralph Lauren, Reiss das Bild. Und das Kaufhaus Liberty, 1875 gegründet, mit seiner Tudor-Fassade aus Schiffsholz: genau der richtige Rahmen für edle Stoffe, Mode und schöne Teppiche.

Liberty, Regent Street/ Ecke Great Marlborough Street, Mo.–Sa. 11.00–19.00, So. 12.00–18.00 Uhr, www.libertylondon.com/uk/home, www.regentstreetonline.com, U-Bahn: Oxford Circus

❸ Burlington Arcade

Von Fortnum & Mason ist es nur ein Katzensprung zur Burlington Arcade, wo das Window-Shopping quasi erfunden wurde. Die heute in dieser überdachten Shoppingmeile ansässigen Boutiquen bieten vor allem hohe Qualität zu hohen Preisen: Juwelen, Uhren, Parfüms, elegante Mode, handgenähte Schuhe.

Burlington Arcade, 51 Piccadilly, Mo.–Sa. 9.00–20.00, So. 11.00–18.00 Uhr, www.burlington-arcade.co.uk, U-Bahn: Piccadilly, Green Park

❹ Bond Street

Ein dickes Portemonnaie braucht man für die Bond Street (nördlich heißt sie New Bond, südlich Old Bond Street), denn die Straße ist nobel und teuer. Internationale Modemarken wie Gucci, Prada und Chanel residieren hier, aber auch Juweliere wie Cartier und Tiffany's sowie das Auktionshaus Sotheby's. Man kann aber auch bei einem Schaufensterbummel ein bisschen Luxus schnuppern und sich anschließend im Sotheby's Restaurant einen Cream Tea gönnen.

Sotheby's, 34–35 New Bond Street, Mo.–Sa. 10.00–19.00 Uhr (Restaurant im Aug. geschl.), www.bondstreet.co.uk, U-Bahn: Green Park, Bond Street

❺ Oxford Street

Bond Street und Regent Street münden beide nördlich in die Oxford Street, wo Modelabels wie Topshop, H&M und Zara sowie die Kaufhäuser Selfridges und John Lewis auf Kundschaft warten. Nach dem Bummel lässt man sich entweder die Schultern massieren (Selfridges) oder im Sommer auf der begrünten Dachterrasse nieder (John Lewis).

John Lewis, 300 Oxford Street, Mo.–Sa. 10.00 bis 19.00, So. 12.00–18.00 Uhr, www.johnlewis.com U-Bahn: Oxford Circus

Selfridges, 400 Oxford Street, Mo.–Sa. 10.00 bis 21.00, So. 11.30–18.00 Uhr, www.selfridges.com, U-Bahn: Marble Arch

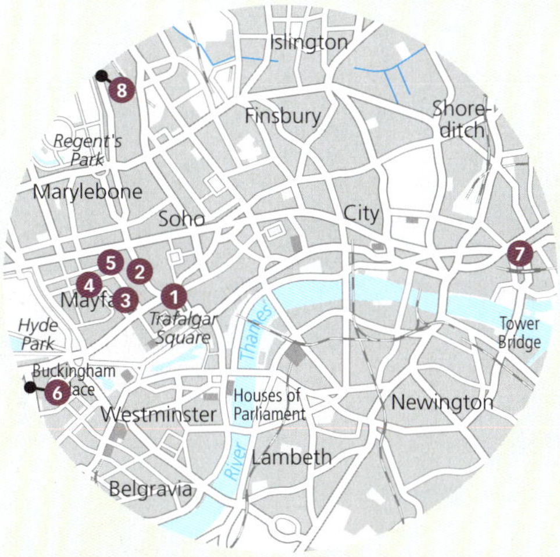

6 Knightsbridge/Sloane Street/ King's Road

Das Kaufhaus Harrods beeindruckt vor allem durch seine üppig dekorierten Jugendstil-Food-Halls, in denen man nach einer Kostprobe gern ein Mitbringsel kauft. Exklusiver lässt es sich bei Harvey Nichols shoppen. Das Luxuskaufhaus ist geprägt von Etagen mit Mode, Accessoires sowie einem Bar-Café-Restaurant und Foodmarket; die müde Shopping-Queen nimmt hier gern einen fürstlichen Lunch. In der angrenzenden Sloane Street locken italienische Designer wie Armani, Pucci, Valentino & Co. mit edlem Zwirn, Schuhen und Zubehör. Und wem nach so viel Futter für die Sinne der Sinn nach etwas wirklich Nahrhaftem steht, der wird in der King's Road fündig: Casa Manolo (Abb.) steht für Feinkost vom Feinsten.

Harrods, 87–135 Brompton Road, Mo.–Sa. 11.00–19.00, So. 11.30–18.00 Uhr, www.harrods.com/en-gb

Harvey Nichols, 109–125 Knightsbridge, Mo.–Sa. 11.00–19.00, So. 11.30–18.00 Uhr, www.harveynichols.com, U-Bahn: Knightsbridge

www.sloane-street.co.uk

Casa Manolo, 187 King's Road, tgl. 10.00–24.00 Uhr, www.casa-manolo.co.uk

7 Brick Lane/Cheshire Street

In Brick Lane und Cheshire Street werden Freunde von Vintagekleidung ins Schwärmen kommen. Viele Shops haben sich hier auf Retro-Style und Vintage-Klamotten spezialisiert: vom hochpreisigen Designeroutfit bis zum T-Shirt für £5, vom 50er-Jahre-Kleid mit passendem Strohhut bis zur 80er-Jahre-Jeans samt Chucks. Sonntags ist besonders viel los, wenn in der Brick Lane der Flohmarkt aufgebaut wird. Dann wühlt man in den Straßenständen, wird vielleicht in einem Pop-up-Shop in der Truman Brewery oder bei einem der vielen Händler in den Old Spitalfields-Markthallen fündig.

Shops in Brick Lane, www.visitbricklane.org/shops-galleries

Old Truman Brewery, 91 Brick Lane, http://trumanbrewery.com/cgi-bin/shop.pl

Old Spitalfieldsmarket, 16 Horner Square, Mo.–Sa. 10.00–18.00, So. 10.00–17.00 Uhr, www.oldspitalfields market.com

U-Bahn: Shoreditch High Street, Liverpool Street

8 Camden High Street und Market

In der Camden High Street wechseln sich bunte Läden für Doc Martens, Tattoos und Punkmode ab. In den Stables-Markthallen wuselt man mit Hippies, Punks, Goths und Yuppies zwischen Secondhand-Klamotten, Schuhen und Schallplatten. Und in den Lock Markets findet man zwischen Trödel auch schon mal antike Stücke. Bei allen Angeboten: Preise vergleichen ist ratsam. An der Schleuse locken Stände mit Pausensnacks aus aller Welt.

www.camdenmarket.com, Camden High Street bis zur Schleuse (Lock), tgl. ab 10.00 Uhr, U-Bahn: Camden Town

City of Westminster

LICHTER DER GROSSSTADT

Politisches und Royales vereinen sich in Westminster: Hier konzentriert sich die politische Macht rund um die Houses of Parliament und Whitehall, hier steht mit dem Buckingham Palace der Stadtpalast der Königin. Auch die eleganten Viertel St James's und Mayfair gehören dazu. Einen Kontrapunkt bilden Soho und Covent Garden – mit viel Unterhaltung und Spaß.

Blick vom Südufer der Themse auf Westminster Bridge und Westminster Palace mit Big Ben (der offiziell »Elizabeth Tower« heißt).

Dreizehneinhalb Tonnen wiegt »Big Ben«. Die schwerste der fünf Glocken gab dem Uhrturm des Westminster Palace seinen Namen.

»ICH GEHE SO GERN IN LONDON SPAZIEREN, SAGTE MRS. DALLOWAY. WIRKLICH, VIEL LIEBER ALS AUF DEM LAND.«

Virginia Woolf

James-Bond-Fans erinnern sich an den Showdown im Film »Spectre«, als der Agent im Geheimdienst Ihrer Majestät mit einem Speedboot über die Themse braust, während der Hubschrauber des Fieslings auf die Westminster Bridge kracht. Eben diese Brücke ist ein guter Start für einen Spaziergang mit bestem Blick auf den Palace of Westminster und Big Ben: Die »Mutter aller Parlamente« steht an der Stelle eines früheren Palasts, der beim Brand im Jahr 1834 vollständig zerstört wurde und danach im neugotischen Stil wieder auferstand. Dieses Feuer beobachtete der englische Maler Joseph Mallord William Turner vom Ufer der Themse aus. Er fertigte schnelle Skizzen an und verewigte den Parlamentsbrand in seinem berühmten Gemälde »The Burning of the Houses of Lords and Commons, October 16, 1834«. Überdauert haben diesen Brand nur die Westminster Hall sowie der Jewel Tower, der nun außerhalb des Gebäudekomplexes liegt. Victoria Tower und Big Ben, die beiden größeren Türme, geben dem Gebäude eine markante Silhouette. Im Victoria Tower werden Parlamentsdokumente aufbewahrt, der andere Turm, meistens kurz »Big Ben« genannt, wurde zum 60. Thronjubiläum der Queen 2012 Elizabeth Tower getauft. Nur die große Glocke, die den Londonern im tiefsatten Sound die Zeit läutet, heißt Big Ben. Ab August 2017 stand sie für vier Jahre still: der morsche Turm musste renoviert werden, wie es wohl in den kommenden Jahren auch dem gesamten Parlamentsgebäude droht.

VIELE TODESFÄLLE, KRÖNUNGEN UND EIN PAAR HOCHZEITEN

Seit nahezu 1000 Jahren dominiert die Westminster Abbey das Stadtbild nahe dem Parlament. Im 11. Jahrhundert legte Edward der Bekenner den Grundstein für seinen Palast und die Abbey, die wegen ihrer Lage westlich vom alten Stadtkern West Minster genannt wurde. Seither wurde um- und angebaut, bis sie ihr heutiges Erscheinungsbild erhielt. Die Riege der Persönlichkeiten, die hier ihre letzte Ruhestätte fanden – Jane Austen und Charles Dickens, Georg Friedrich Händel, Laurence Olivier, Charles Darwin, Isaac Newton und zuletzt 2018 Stephen Hawking – ist so groß, dass man förmlich über Grabplatten stolpert. Immer wieder sah die Abbey auch royale Trauungen. Elizabeth Alexandra Mary und Philip Mountbatten, die heutige Queen Elisabeth II. und der 2021 verstorbene Herzog von Edinburgh, gaben sich hier am 20. November 1947 das Jawort, und auch zur

Elisabeth II. ist auch das weltliche Oberhaupt der anglikanischen Church of England, der Staatskirche Englands.

Links: Vor dem Hauptportal an der Westfassade von Westminster Abbey thront St Georg, der Drachentöter, auf einer Säule.

Unten: Höchster Turm des Westminster Palace ist der über 98 Meter hohe Victoria Tower. Auf dem Flaggenmast hoch oben weht die offizielle Flagge (Royal Standard) des britischen Monarchen, wenn dieser im Gebäude ist; ansonsten der Union Jack, die Nationalflagge des Vereinigten Königreichs.

Westminster Palace ist der aus dem House of Commons (Unterhaus) und dem House of Lords (Oberhaus) bestehende Sitz des britischen Parlaments.

Rechts: In der St Stephen's Hall von Westminster Palace wandelt man zwischen Statuen großer britischer Parlamentarier.

Royales London: Zu den offiziellen Geburtstagsfeierlichkeiten für die Queen herrscht rund um Buckingham Palace „Pomp and Circumstance“ (alle Abbildungen).

Touristenmagnet bei der Wachablösung, Ort für Staatsempfänge und der offizielle Wohnsitz des britischen Monarchen in London ist Buckingham Palace.

Special

Londons Hoflieferanten

Langlebig und edel

Die Schnelllebigkeit moderner Zeiten, in denen das Onlineshopping unabhängige kleine Geschäfte verdrängt, ist an einigen Londoner Geschäften scheinbar vorübergegangen. Nicht, dass die edlen Herrenausstatter, Wein- und Käse-, Buch- und Schirmgeschäfte kein Onlineshopping betreiben würden, aber es gibt sie eben auch ganz real und das zum Teil schon seit mehr als 300 Jahren am selben Standort! Viele davon sind »Royal Warrants« – Hoflieferanten für das Königshaus –, eine Ehre, die neben der guten Qualität der Produkte den Fortbestand garantiert. Schnuppern Sie mal die Atmosphäre in einem dieser Läden, im ältesten Buchladen Londons etwa: Hatchards, 1797 gegründet, residiert seit 1801 an Piccadilly 187. Maßanzüge für den feinen Herrn werden seit jeher vor allem in der Savile Row handgefertigt. Die Schneiderei Henry Poole, seit 1806 tätig, ist hier seit 1846 ansässig. Weitere Herrenausstattung wie Hemden, Schuhe, Hut, Schirm und Rasierzubehör erhält man in den kleinen Läden der Jermyn Street und in der St James's Street. Bummeln Sie dort einmal entlang, und Sie werden einige interessante Entdeckungen machen: Lock & Co., Hüte (seit 1676), John Lobb, Schuhe (seit 1849), James J. Fox, Zigarren (seit 1787), D.R. Harris & Co., Rasierzubehör (seit 1790).
www.royalwarrant.org

Rasierzubehör gibt's bei D. R. Harris & Co.

glanzvollen Trauung von Prinz William, dem Enkel der Queen, mit der bürgerlichen Kate Middleton, strahlte die Abbey 2011 angesichts des jungen Glücks aus jeder Fuge. Bei der Hochzeit von Prinz Harry und Meghan Markle im Mai 2018 spielte die Abbey dann ebenfalls eine Rolle: Das Paar heiratete zwar auf Windsor Castle, aber der Brautstrauß wurde hier in der Londoner Abbey auf dem Grab des unbekannten Kriegers abgelegt – eine im Jahr 1923 von Queen Mum eingeführte Tradition, mit der diese ihren im Ersten Weltkrieg gefallenen Bruder ehrte.

Nicht zuletzt findet auch die Krönung royaler Häupter traditionell in der Westminster Abbey statt – zuletzt die von Queen Elisabeth II. im Juni 1953.

MITTENDRIN

Von der Abbey zum Mittelpunkt der Stadt geht es schnurstracks über die breite Straße Whitehall. Unterwegs könnte man dem Premierminister zuwinken, wäre sein Haus nicht hinter einem schwarzen Gitter versteckt und von Polizisten bewacht. Bei allen Turbulenzen in der Regierung zeigt einer Beständigkeit: Hauskater Larry (offizieller Titel: „Chief Mouser to the Cabinet Office") bleibt in 10 Downing Street, egal wer gerade regiert.

Von seiner hohen Säule auf dem Trafalgar Square hat Lord Nelson einen gran-

Piccadilly Circus: für viele ein beliebter Treffpunkt – und für manche Londoner sogar „the Hub of the World", der Mittelpunkt der Welt.

diosen Blick hinunter auf Whitehall und Big Ben. Hier, am zentralen Punkt von London, wird der Seeheld geehrt und der Schlacht von Trafalgar gedacht, die für ihn tödlich ausging, für England aber den Sieg über Frankreich und Spanien bedeutete.

Während der Verkehr aus Taxis, Bussen und Autos rund um den Platz donnert, sonnen sich Touristen auf den Stufen der National Gallery, klettern Jugendliche auf die Rücken der bronzenen Löwen und planschen Kinder an den großflächigen Brunnen. Der Platz ist ein Verkehrsknotenpunkt und verbindet The Mall mit Buckingham Palace, Pall Mall mit dem St James's Palace, The Strand mit der City of London und Whitehall mit dem Parlament. Dieser Platz war und ist immer wieder mal ein Ausgangspunkt für Demonstrationen und Versammlungen, hier gibt das London Symphony Orchestra ein Open-Air-Konzert, startet die chinesische Neujahrsparade und findet das indische Diwalifest statt. Die gesamte Nordseite des Platzes dominiert mit der National Gallery eine der bedeutendsten Gemäldesammlungen der Welt.

WENN DIE FAHNE WEHT

Von Trafalgar Square erreicht man über The Mall den Buckingham Palace. Der Anblick ist vertraut – auf dem Balkon in der Mitte des Gebäudes versammelt sich die königliche Familie gern zum vereinten Winken, wenn jemand aus der Familie heiratet, Geburtstag hat oder der Nachwuchs präsentiert wird.

Seit mehr als 250 Jahren ist der Palast im Besitz der britischen Monarchen und seit 1837 unter Königin Victoria deren offizielle Residenz. Weht die rot-gold-blaue royale Standarte auf dem Dach, ist die Queen zu Hause. Ist sie in der Sommerfrische, dürfen einige Räume besichtigt werden, und man kann auf der Gartenterrasse einen Tee trinken.

NOBLESSE OBLIGE

Ansonsten wird man von der Queen eher selten eingeladen – es sei denn, man hat sich besonderer Taten verdient gemacht. Dann findet man sich inmitten einer Menschenmenge bei einer großen Gartenparty auf dem Rasen hinter dem Gebäude wieder, mit Tee, Kuchen und Sandwiches, und darf der Queen vielleicht sogar einmal die Hand schütteln. Die an den Palast angrenzenden Stadtteile St James's mit dem gleichnamigen Park und Mayfair sind geprägt vom Glanz vergangener Jahrhunderte. Dazu gehören teure Hotels, edle Gentlemen Clubs, Maßschneidereien, alteingesessene und sehr noble Geschäfte.

AB INS VERGNÜGEN

Soho und Covent Garden schließen östlich daran an. Soho mauserte sich vom Einwandererviertel im 19. Jahrhundert zur heutigen Ausgehmeile. Nachdem in den 1970er-Jahren Prostitution und Kleinkriminalität überhand zu nehmen schienen, änderte sich das Bild, als sich in den 1990er-Jahren viele Filmfirmen und Werbeleute hier ansiedelten.

»BUNT, LAUT, LUSTIG UND MULTIKULTURELL GEHT ES HEUTE IN SOHO ZU.«

Bunt, laut, lustig und multikulturell geht es heute in Soho zu. Der frühere Sündenpfuhl wirkt nicht mehr ganz so verrucht, auch wenn immer noch Sex-

Praktisch und preisgünstig ist die Stadterkundung mit einem der typisch-roten (hier in die Regent Street einbiegenden) Doppeldeckerbusse.

Die Princes Arcade, eine noble Shoppingpassage, verbindet Piccadilly mit der Jermyn Street.

Wohlleben am Trafalgar Square auf den Stufen der National Gallery mit der anglikanischen Kirche St Martin-in-the-Fields im Hintergrund

shops, Fetischläden und Prostitution hier ihren Platz haben.

Doch mit den Büros der Medien- und Filmfirmen veränderte sich das Bild: Mittags verspeisen die Büromenschen auf dem Soho Square ihr Sandwich, abends stehen sie in Anzug und Kostüm mit einem Pint vorm Pub. Junge Frauen stöckeln in kurzen Röcken und High Heels übers Pflaster, die ersten Theaterbesucher sitzen beim Pre-Theatre-Menu.

SOHO IST IMMER EINE GUTE ADRESSE FÜR EINE LANGE PARTYNACHT.

Schreitet der Abend voran, wird es lauter auf der Straße und die Menschenmenge größer: Die Dichte an Theatern, Clubs, Musicals, Pubs und Clubs ist enorm – und Soho immer eine gute Adresse für eine lange Partynacht.

GAUKLER UND GEMÜSE

Südlich der Shaftesbury Avenue und rund um die Gerrard Street stapeln sich exotische Gemüse in grünen Kisten vorm Laden, asiatische Kräuter und Gewürze baumeln von der Markise, Enten brutzeln im Fenster eines Restaurants, rote Lampions und steinerne Löwen markieren den Eingang – spätestens wenn die Schriftzeichen englisch und chinesisch sind, weiß man, dass man in Chinatown angekommen ist.

Ein Stück östlich von hier tummeln sich auf der Piazza von Covent Garden vor den Hallen des ehemaligen Gemüsemarktes täglich viele Gaukler und Straßenkünstler zur kostenlosen Vorführung. Hoch fliegen die Keulen eines Jongleurs, ein Feuerspucker schwitzt, ein Fakir legt sich mit nacktem Oberkörper aufs selbstgezimmerte Nagelbrett. Londoner wie Touristen sind ein dankbares Publikum. Zu all dem passt, dass die nahe St Paul's Church den Schauspielern gewidmet und das legendäre Royal Opera House gleich hier um die Ecke ist.

Eine der auch in London inzwischen rar werdenden Telefonzellen auf der Piazza von Covent Garden (oben), der Innenhof des imposanten Somerset House, Heimat der Courtauld Gallery (Mitte), und das nächtliche Treiben in Chinatown.

Rechte Seite: Gay Bar beim Newport Place im Amüsier- und Ausgehviertel Soho

EWPORT
PLACE WC2
KU
AWARD WINNING GAY BAR
PEDESTRIAN
ZONE
No vehicles
Noon - Midnight
At any
time

Filmstadt London

KAMERA KLAR? – KAMERA LÄUFT!

Zwei Londoner wurden zu Ikonen im Filmgeschäft, und auch die Stadt selbst schreibt immer mal wieder Filmgeschichte – nicht zuletzt als Kulisse für nationale und internationale Kamerateams. Ob geschichtsträchtiges Drama oder spannender Thriller, Science-Fiction oder Kinderbuchverfilmung: Locationscouts finden hier für jeden Streifen den passenden Ort.

Auf den Spuren von Harry Potter: King's Cross Station, Gleis 9 ¾ – und ab in die Zauberwelt.

Schon einige der größten Stars der frühen Filmgeschichte kamen aus London: Charlie Chaplin wuchs in ärmlichen Verhältnissen in Southwark auf und sammelte dort in jungen Jahren Bühnenerfahrung, ehe er in Hollywood eine Weltkarriere machte. Auch Alfred Hitchcock wurde in London geboren und begann hier mit seinen ersten Filmen. Das Regiehandwerk erlernte er unter anderem in den Berliner Babelsberger Studios, bevor er in Hollywood zum Master of Suspense wurde. Für einen seiner letzten Filme, »Frenzy«, kehrte Hitchcock noch einmal in seine Geburtsstadt zurück und setzte Covent Garden darin ein cineastisches Denkmal.

GLANZ UND GLORIA

Bis heute werden Filmpremieren in London mit besonders großem Pomp gefeiert: Schon Stunden vor der Premiere versammeln sich die Fans. Wenn dann Stars wie Daniel Radcliffe und Emma Watson, Judy Dench, Meryl Streep oder George Clooney über den roten Teppich flanieren, ist das Gekreische groß. Handykameras werden gezückt, Selfies gemacht, Autogrammkarten geschrieben, Hände geschüttelt – oft auch mit der royalen Prominenz von William und Kate. Ein regelmäßiger Schauplatz für solche Spektakel ist das Odeon-Kino am Leicester Square, wo nicht zufällig auch Charlie Chaplin mit einem Denkmal geehrt wird.

BEWEGTE BILDER …

Die Filmindustrie ist für London auch ein wichtiger Wirtschaftsfaktor. Gut die Hälfte der in dieser Branche Tätigen sind in dieser Stadt ansässig – vom Producer über das Filmteam und die Schauspieler bis hin zu den verschiedensten Dienstleistern etwa für Casting, Kostüme und Spezialeffekte. Hervorragende Studioeinrichtungen gibt es auch – und nicht zuletzt boomt die britische Film- und Fernsehwirtschaft dank diverser Steuervorteile.

… ALS WIRTSCHAFTSMOTOR

Global gesehen ist London die drittgrößte Filmfabrik der Welt mit über 14 000 Drehtagen im Jahr und den meisten Kinoleinwänden des Landes. Letzteres ist kein Wunder, denn die

Oben: Hier bekommt der fiktive James Bond seine Aufträge – im realen Hauptquartier des britischen Auslandsgeheimdienstes MI 6 an der Themse (gegenüber der Tate Gallery Britain).

Links: Vom Buch zum Film zur Bühne – Harry Potter betritt im Palace Theatre in der Shaftesbury Avenue die Büühne.

Londoner sind auch in den Zeiten von Streaming & Co. immer noch filmbegeistert und gehen deutlich öfter ins Kino als ihre Landsleute.

LONDON IN DER HAUPTROLLE

Die Beliebtheit der Stadt als Filmkulisse lässt sich auch mit ihrem hohen Wiedererkennungswert erklären: Big Ben und das Parlament, die roten Doppeldeckerbusse und Telefonzellen, die schwarzen Taxis und das geschwungene Band der silbrig glitzernden Themse. Die Möglichkeiten, London cineastisch in Szene zu setzen, scheinen unendlich zu sein: Londons

LONDON IST DIE DRITTGRÖßTE FILMFABRIK DER WELT MIT ÜBER 14 000 DREHTAGEN IM JAHR UND DEN MEISTEN KINOLEINWÄNDEN DES LANDES.

Julia Roberts inkognito in einer Buchhandlung in Notting Hill: In der gleichnamigen, teilweise an den Londoner Originalschauplätzen gedrehten Filmkomödie spielen sie und Hugh Grant die Hauptrollen.

U-Bahn-Station Canary Wharf verwandelt sich in eine Raumstation für einen Sciene-Fiction-Thriller, das Old Royal Naval College in Greenwich ist genau der richtige Rahmen für ein Historiendrama. Filme wie »Vier Hochzeiten und ein Todesfall«, »Notting Hill«, »Tatsächlich Liebe ...«, die »Harry-Potter«-Reihe und die James-Bond-Filme haben alle London als Kulisse.

Das bleibt nicht ohne Wirkung: Die Romantikkomödie »Notting Hill« mit Julia Roberts und Hugh Grant bescherte den Kinos klingende Kassen und dem gleichnamigen Stadtteil wie dem hier ansässigen Portobello Market einen anhaltenden Touristenstrom. So pilgern Filmfans immer noch gern zum Haus von William (Hugh Grant) mit der markanten blauen Tür in 280 Westbourne Park Road – auch wenn deren Original vor Jahren für einen wohltätigen Zweck versteigert wurde. Ebenfalls gern von interessierten Reisenden angesteuert wird die nahe Filmbuchhandlung »The Travel Bookshop« alias »The Notting Hill Bookshop«.

PADDINGTON BÄR UND HARRY POTTER

Auch Bahnhöfe spielen immer wieder Hauptrollen: Herzerweichend ist die Ankunft des kleinen Bären auf dem Bahnhof Paddington, wo dem putzigen Kerl heute eine kleine Skulptur und eine Sitzbank gewidmet sind. Im Film »16:50 ab Paddington« (1961), einer Agatha-Christie-Adaption, steigt Miss Marple hier in den Zug. Der Bahnhof King's Cross ist mit den Verfilmungen der Harry-Potter-Bücher verbunden. Heute steht in der neuen Ankunftshalle neben dem Harry-Potter-Shop der halbe Gepäckwagen für alle Fans des Zauberlehrlings bereit, um auf das Gleis 9 ¾ zu gelangen. Die Szenen, in denen Harry seinen Zauberstab, Umhang und Hexenbücher in der Winkelgasse erstehen muss, wurden in Leadenhall Market gedreht. Was im Studio aufgenommen wurde, kann man etwa 20 Meilen außerhalb Londons in den Kulissen der Warner Brothers Studios besichtigen.

Die James-Bond-Filme »Skyfall« und »Spectre« zeigen die Zerstörung der Geheimdienstzentrale an der Vauxhall Bridge. Das reale Hauptquartier des MI 6 steht nach wie vor völlig unversehrt an der Themse; Fans des Filmhelden können im Londoner Filmmuseum die Originalfahrzeuge von 007 in Augenschein nehmen.

Weitere Hauptrollen hatten die Temple Church in »The Da Vinci Code – Sakrileg«, der Borough Market in den »Bridget Jones«-Verfilmungen und eine Haustür in der North Gower Street neben dem Speedy's Café: Sherlock Holmes Zuhause, eigentlich Baker Street Nr. 221b.

Damit ist die Liste nicht am Ende. Cineasten werden in London noch viel entdecken können. Auch posthum: Wer zum Beispiel wissen will, wie das alte East End vor dem Bau der glänzenden neuen Docklands-Architektur ausgesehen hat, der braucht sich nur Aki Kaurismäkis »I Hired a Contract Killer« anzuschauen.

Auf einen Blick

Geführte Touren: https://britmovietours.com

Auf eigene Faust: www.cityoflondon.gov.uk/things-to-do/walks-and-itineraries/self-guided-walks-and-trails/the-city-on-screen-self-guided-walk

Harry Potter: Warner Brothers Studios, Studio Tour Drive, Leavesden, www.wbstudiotour.co.uk

James Bond: London Film Museum, Covent Garden, http://londonfilmmuseum.com

British Film Institute (BFI), Southbank, www.bfi.org.uk: In der Mediathek dieses renommierten Archivs für Filmkunst kann man Filme schauen, im Shop gibt's Literatur und DVDs, und im Oktober findet ein zweiwöchiges Filmfestival statt.

Schauplatz London: Auch die Temple Church spielt (wie die Westminster Abbey) eine wichtige Rolle in der Verfilmung von Dan Browns Bestseller „The Da Vinci Code – Sakrileg".

Oxford St.
Tottenham Court Road
Oxford Circus
Bond Street
Wigmore St.
Hanover Square
Regent St.
Soho Square
SOHO
Shaftesbury Avenue
Charing Cross Road
Cambridge Circus
Cov. Garden
Covent Garden
Long Acre
Leicester Square
Piccadilly Circus
Piccadilly
MAYFAIR
Green Park
Berkeley Square
Haymarket
Jermyn St.
St. James's St.
Pall Mall
ST. JAMES'S
Trafalgar Square
National Gallery
Strand
Charing Cross
Embankment
Whitehall
Horse Guards Parade
Downing St.
St. James's Park
The Mall
Buckingham Palace
Buckingham Palace Gardens
Constitution Hill
Wellington Arch
CITY OF WESTMINSTER
Birdcage Walk
St. James's Park
Westminster Abbey
Houses of Parliament
Westminster
Westminster Bridge
London Eye (Millennium Wheel)
County Hall
St. Thomas' Hospital
Victoria Embankment
Victoria St.
Victoria
Victoria Station
Vauxhall Bridge Road
Millbank
Lambeth Bridge
Lambeth Palace
Lambeth Palace Road
Tate Britain
PIMLICO
Pimlico
Buckingham Palace Road
Belgrave Road
Warwick Way
Albert Embankment
Maßstab 1:12.000
0
300m
1
2
3
4
5
6
7
8
9
10
11
12
13
14

POMP & CIRCUMSTANCE

Dem Ruf Londons kann sich kaum jemand entziehen: Jahr für Jahr machen sich etwa 19 Millionen Besucher auf den Weg, mehr als doppelt so viele wie die Stadt Einwohner hat. Sie lockt vor allem auch durch das Fortbestehen vieler Traditionen, die an die vergangene Größe des Empires erinnern.

1 – 3 Westminster

In Westminster wird regiert, residiert die Queen, zeigen die National Gallery und die Tate Britain berühmte Kunst.

SEHENSWERT

Um in die Geschichte der englischen Regenten einzutauchen, ist 1 **Westminster Abbey** **TOPZIEL** (20 Dean's Yard, U-Bahn: St James's Park, Westminster, www.westminster-abbey.org, Mo.–Sa. 9.30–15.30 Uhr) ein guter Start. Die Krönungs- und Grabkirche der englischen Monarchen gegenüber dem Parlament erhielt unter Heinrich III. bis 1269 weitgehend ihr Gesicht im Stil der französischen Gotik. In späteren Jahrhunderten folgten das Langhaus und die Westtürme. Highlights innen sind das spektakuläre Fächergewölbe der Chapel of Henry VII, die Poets' Corner und der Krönungsstuhl.
Das Regierungsviertel in Westminster wird in erster Linie vom berühmten **Clocktower Big Ben** und den 2 **Houses of Parliament** **TOPZIEL** (Parliament Square, U-Bahn: Westminster, www.parliament.uk/visiting) bestimmt. Hier tagt das britische Parlament aus Ober- und Unterhaus – House of Lords und House of Commons. Das riesige Gebäude umfasst Ratssäle und an die 1100 Räume, Gänge, Innenhöfe, Sitzungszimmer und Bibliotheken. Ansehen kann man sich das Ganze entweder virtuell unter www.parliament.uk/visiting/virtualtour oder bei einer Führung (rechtzeitig buchen unter www.parliament.uk/visiting/visiting-and-tours).

MUSEUM

Die 3 **Tate Britain** (Millbank, U-Bahn: Pimlico, www.tate.org.uk/visit/tate-britain, tgl. 10.00 bis 18.00 Uhr) zeigt an die 3500 Gemälde britischer Kunst vom 16. bis zum 21. Jahrhundert. Ein eigener Flügel ist der faszinierenden Malkunst von William Turner gewidmet.

4 – 7 Whitehall

Entlang der Straße 4 **Whitehall** sind viele Ministerien angesiedelt sowie in der abgesperrten Downing Street 5 **10 Downing Street**, das Haus des Premierministers, daneben das des Schatzkanzlers. Nur durch ein bewachtes Tor schaut man auf die berühmte Hausnummer. Noch bis in die Mitte der 1980er-

Unterwegs zu den Houses of Parliament (links), Wachablösung auf Horse Guards Parade (oben rechts) und ein Blick in die Westminster Hall (unten rechts).

Jahre hinein konnte man hier ungehindert durchspazieren. Erst nach einem IRA-Bomben-Attentat 1991 wurde die Straße schließlich für Schaulustige völlig gesperrt.

SEHENSWERT

Die beiden Kavalleristen der **Household Cavalry** mit ihren blankpolierten Helmen und Harnischen am Eingang von 6 **Horse Guards** gehören zu den meistfotografierten in London. Auf Horse Guadrs Parade dahinter wird jährlich am zweiten Wochenende im Juni die offizielle Geburtstagszeremonie der Queen „Trooping the Colour" mit einer Militärparade abgehalten (nicht öffentlich). Mehr über die Kavalleristen erzählt das **Household Cavalry Museum** (tgl. ab 10.00 Uhr). Das schräg gegenüber liegende klassizistische 7 **Banqueting House** ist der einzig verbliebene Teil des Whitehall-Palasts, der 1698 niederbrannte. Von hier musste König Karl I. 1649 direkt aufs Schafott steigen, nachdem der Konflikt zwischen Parlament und Monarchie zu Bürgerkriegen geführt hatten. Das üppige Deckengemälde im großen Bankettsaal hatte Charles I. von Peter Paul Rubens anfertigen lassen, zu einem für die damaligen Zeiten unerhört hohen Preis von £ 3000.

8 – 10 Trafalgar Square

Hier am größten Platz der Stadt laufen von Westminster her kommend die Straße Whitehall, vom Buckingham Palace die Straße The Mall und vom St James's Palace die Pall Mall zusammen. Über die Strand gelangt man dann weiter zur City of London.

SEHENSWERT

Hat man die 56 m hohe 8 **Nelson Column**, die Siegessäule für Admiral Nelson am Trafalgar Square erreicht, ist man in der Mitte Londons und bei zwei großartigen Museen angekommen. In der Kirche 9 **St Martin-in-the-Fields** in der Nordostecke finden mittags oft kostenlose Lunchtimekonzerte statt (www.stmartin-in-the-fields.org). Die von Architekt James Gibb entworfene und im Jahr 1726 fertig gestellte Kirche besticht durch ihren Säulenportikus, mit dem sie auch zum Vorbild vieler Kirchen in den USA wurde.

MUSEEN

Im klassizistischen Gebäude der 10 **National Gallery** (Trafalgar Square, U-Bahn: Charing Cross, www.nationalgallery.org.uk, tgl. 10.00

bis 18.00, Fr. bis 21.00 Uhr) am Nordende des Platzes wird ein repräsentativer Querschnitt europäischer Malerei vom Hochmittelalter bis zum ausgehenden 19. Jh. präsentiert. Die **National Portrait Gallery** (NPG), gleich um die Ecke (St Martin's Place, www.npg.org.uk, tgl. 10.00–18.00, Do./Fr. bis 21.00 Uhr) zeigt Porträts britischer Persönlichkeiten – wobei in diesem Fall das jeweilige Sujet wichtiger ist als der ausführende Künstler.

CAFÉS/RESTAURANTS

Das **€€ Café in the Crypt** (tgl., 8.00–20.00, So. 11.00–18.00, Mi. 8.00–22.30, ab 18.30 Uhr nur mit Konzertticket, www.stmartin-in-the-fields.org/cafe-in-the-crypt) im Untergeschoss von St-Martin-in-the-Fields bietet Essen, Kunstausstellungen und mittwochs mit Jazz-Night. Zum **€€€€ Portrait Restaurant** (So.–Do. 10.00 bis 16.30, Fr./Sa. bis 20.00 Uhr, Tel. 020 73 12 24 90) fährt man hinauf in den obersten Stock der National Portrait Gallery. Dort oben hat man nicht nur einen Wahnsinnsblick auf Nelson, Whitehall und Big Ben, sondern speist auch vorzüglich.

UNTERKUNFT

Das zentral gelegene viktorianische Haus **€€€ Amba Hotel Charing Cross** (Strand, Charing Cross, Tel. 020 75 23 50 52, www.amba-hotel.com, U-Bahn: Charing Cross) überzeugt mit modernem Interieur und viel Komfort.

11 – 12 St James's/Mayfair

Kleidet sich der feine Herr in St James's oder Mayfair ein, um gleich danach in einem der legendären Gentlemen Clubs abzuhängen, zieht es die Dame in die Bond Street und die New Bond Street, um ihre Garderobe zu erweitern.

Tipp

Cheese please

Seit 1797 wird in dem Laden von **Paxton & Whitfield** in der Jermyn Street 93 Käse verkauft, seit 1850 als offizieller Hoflieferant – zuerst von Queen Victoria. Heute kann man den Käse auch online ordern, sinnlicher aber ist es, sich mit der Nase und kleinen Probehappen verführen zu lassen. Sogar Käsehochzeitstorten gibt es hier.

www.paxtonandwhitfield.co.uk

Am Leicester Square (oben), Straßenkünstler in Covent Garden (oben rechts), beim Herrenausstatter Henry Poole in Mayfair (unten rechts)

SEHENSWERT

Der 11 **Buckingham Palace** **TOPZIEL** (U-Bahn: St James's Park, Victoria, Green Park, www.royalcollection.org.uk, Besichtigung Aug./Sept. tgl. 9.30–18.30 Uhr), ursprünglich der Palast für den Herzog von Buckingham, wurde 1761 von König Georg III. gekauft. 1837 machte Königin Victoria ihn zur Residenz der britischen Monarchen. Sie thront auf dem Denkmal direkt vor dem Palast – begehrter Beobachtungsposten für die Wachablösung der Foot Guards (Changing of the Guard; Juni/Juli tgl., übrige Monate Mo., Mi., Fr. Sa. jew. 11.00 Uhr). Im Palast kan man die **Queens Gallery** (tgl. 10.00–17.30 Uhr) und die **Royal Mews** (Feb. bis Ende Nov., 10.00–16.00) mit den königlichen Kutschen samt Pferden und Rolls Royces besichtigen. An 12 **Piccadilly Circus** wurde 1893 der Gedenkbrunnen für den 7. Earl of Shaftesbury mit der Erosstatue errichtet, heute wie damals ein beliebter Treffpunkt. Stimmungsvoll ist es hier vor allem am Abend, wenn die riesige Neonreklame leuchtet.

MUSEUM

Das **Handel & Hendrix** (23/25 Brook Street, U-Bahn: Bond Street, https://handelhendrix.org, Di.–Sa. 11.00–18.00 Uhr) würdigt zwei herausragende Musiker (und Quasi-Nachbarn) mit interessanten Ausstellungsstücken und Konzerten.

CLUBS

Das **Atheneum** (107, Pall Mall) ist einer der auffälligeren Herren-Clubs mit einer Nachbildung des Parthenonfrieses und der güldenen Athenef-Fgur davor. Unscheinbarer sind einige Clubs rund um den St James's Square, in die meisten haben inzwischen auch Frauen Zutritt.

UNTERKUNFT

Legendär ist das Luxushotel **€€€€ The Ritz** mit Blick auf den Green Park (150 Piccadilly, Tel. 020 74 93 81 81, U-Bahn: Green Park, www.theritzlondon.com). Günstiger ist es, sich einmal zu einem traditionellen Afternoon Tea im **€€€€ Palm Court** anzumelden.

13 – 14 Soho, Covent Garden

Soho und Covent Garden laden zum Bummeln und Ausgehen ein. Die Dichte an Kneipen, Bars und Theatern ist hier besonders groß.

UNTERHALTUNG

Die Theater in 13 **Soho** und 14 **Covent Garden** zeigen berühmte Bühnenproduktionen wie „The Mousetrap" („Die Mausefalle") von Agatha Christie (**St Martin's Theatre**, West Street, U-Bahn: Leicester Square, https://uk.the-mousetrap.co.uk/), seit mehr als 65 Jahren ein Dauerbrenner auf der Bühne, oder Musicals wie »Das Phantom der Oper« (**Her Majesty's Theatre**, Haymarket, U-Bahn: Charing Cross, www.hermajestystheatre.co.uk). Das kleine **Donmar Warehouse** (41 Earlham Street, U-Bahn: Covent Garden, www.donmarwarehouse.com) hat sich auf Neuinterpretationen klassischer Dramen spezialisiert mit Stars wie Judi Dench, Jude Law oder Ewan McGregor. Reduzierte Theater-Tickets verkauft der **TKTS-Kiosk** (https://officiallondontheatre.com/tkts/) am **Leicester Square**. Hier werden auch Cineasten fündig mit den großen Kinos wie **Cineworld**, **Vue** und dem 1700 Plätze fassenden Premierenkino **Odeon**. Klassischer zu geht's in der **English National Opera** (ENO, St Martin's Lane, U-Bahn: Leicester Square, https://eno.org/) oder im **Royal Opera House** (Bow Street, U-Bahn: Covent

»LONDON VERSTEHT ES, SEINE LANGE UNAUSLÖSCHLICHE VERGANGENHEIT IMMER ZUM TEIL SEINER GEGENWART ZU MACHEN.«

ANNA QUINDLEN (US-JOURNALISTIN)

Garden, www.roh.org.uk) in Covent Garden mit Ballett und Oper. Auf der nahen Piazza von **Covent Garden** TOPZIEL mit den Hallen des ehemaligen Obst- und Gemüsemarkes zeigen täglich Artisten und Künstler kostenloses Freilufttheater. In den Hallen und am Platz gibt es viele kleine Shops.

MUSEEN

Das **London Transport Museum** (Mo.–Do. 10.00–18.00, Fr. 11.00–18.00 Uhr, www.ltmuseum.co.uk) direkt an der Piazza bringt Besuchern die Geschichte des öffentlichen Nahverkehrs nahe. Nach Süden zur Themse hin fällt **Somerset House** (www.somersethouse.org.uk) auf, in dessen Innenhof während der Sommermonate Freiluftkonzerte stattfinden; die hier untergebrachte **Courtauld Institute Gallery** (https://courtauld.ac.uk/gallery) zeigt u.a. herausragende Werke von Impressionisten.

RESTAURANTS

Das Kellergewölbe der €€ **Brasserie Zedel** empfängt mit französischem Flair und angenehm günstigen Menüpreisen (20 Sherwood Street, Tel. 020 77 34 48 88, tgl. 11.30–24 Uhr, www.brasseriezedel.com, U-Bahn: Piccadilly Circus). Der in Jerusalem geborene Koch Yotam Ottolenghi bietet im €€ **Nopi** (21-22 Warwick Street, Tel. 020 74 94 95 84, Mo.–Fr. 8.00–22.30, Sa. ab 10.00, So. 10.00–16.00 Uhr, U-Bahn: Piccadilly Circus) vor allem Gerichte, die vom Nahen Osten und dem Mittelmeer inspiriert sind. Den Geschmack des britischen Nationalgerichts Fish & Chips kann man bei €€/€€€ **Rock & Sole Plaice** (47 Endell Street, Take-away, U-Bahn: Covent Garden) direkt auf der Straßenterrasse probieren.

CLUBS/BARS

Seit mehr als 90 Jahren besteht das **Café de Paris** (3–4 Coventry Street, Tel. 020 77 34 77 00, Fr./Sa. ab 18.00 Uhr, U-Bahn: Piccadilly Circus/Leicester Square, www.cafedeparis.com): Früher eine Bar, tafelt man heute zur Vorstellung (Kabarett, Zirkus, Comedy, Burleske). Auch schon seit über 60 Jahren ist **Ronnie Scott's Jazz Club** (47 Frith Street, Tel. 020 74 39 07 47, Mo.–Sa. 18.00–3.00, So. 18.30–24.00 Uhr, So. Lunchtime-Konzerte 12.00–16.00 Uhr, U-Bahn: Leicester Square, www.ronniescotts.co.uk) *der* Club für Jazzliebhaber. Viele berühmte Gäste wie George Orwell und John Constable bewirtete schon der Pub **The Dog and Duck** (18 Bateman Street, Tel. 020 74 94 06 97, U-Bahn: Tottenham Court Road). Die Gay-Szene tummelt sich rund um die **Old Compton Street**. Eine eigenwillige Dekoration, Cocktails und Musik sorgen für gute Atmosphäre in der Bar **Friendly Society** (79 Wardour St, Mo.–Fr. 16.00–23.00, Sa./So. ab 14.00 Uhr, U-Bahn: Piccadilly Circus).

UNTERKUNFT

Ruhig in Covent Garden liegt €€€ **The Fielding Hotel** mit Gratis-Zugang zum nahen Fitness-Spa-Center (4 Broad Court/Bow Street, Tel. 020 78 36 83 05, www.thefieldinghotel.co.uk, U-Bahn: Covent Garden).

JA NATÜR LICH

GRÜN, GESUND, LECKER

Zu Beginn der Jahrtausendwende bekam man in englischen Lokalen zwar vegetarische Gerichte, aber die Auswahl war sehr übersichtlich und das Gebotene oft wenig schmackhaft. Doch in den letzten 20 Jahren hat sich viel getan, das Bewusstsein für nachhaltige Lebensmittel ist gestiegen. Deshalb besuche ich auch gern einen der vielen Street-Food-Märkte (s. S. 82/83), die es in nahezu jedem Londoner Stadtteil gibt. Es ist jedes Mal ein Erlebnis, diese fantasievollen Gerichte zu probieren – umweltbewusst im Bambusschälchen serviert und von jungen Köchen frisch zubereitet.

Doch bei meinem letzten Aufenthalt in London wollte ich unbedingt mal in ein richtiges vegetarisches Restaurant gehen. Nur: Wie überredet man seinen fleischliebenden Freund dazu? Am Ende war es gar nicht so schwer, denn ihn überzeugte das von mir vorgeschlagene Lokal mit der schönen Terrasse. Hier entschieden wir uns für Lauch-Kartoffel-Pastete, Spargelfrittata sowie als Nachtisch Rhabarber-Apfel-Crumble und Tahini Brownie. Meinem Freund hat es geschmeckt, und er ist jetzt neugierig geworden auf die Rezepte der vegetarischen Küche.

Bei Deliciously Ella mal probieren: Paella valenciana

Leider hat das Lokal, in dem wir waren, die Corona-Pandemie nicht überstanden. Aber es gibt eine gute Alternative: Besonders gemütlich isst man im Café-Restaurant von Ella, im Herzen von Mayfair. Die Bloggerin hat sich auch in der veganen Szene einen Namen gemacht, hielt in der Pandemiezeit mit dem Verkauf ihrer eigenen Produkte und Kochbücher durch und hat seit Sommer 2021 auch wieder ihre Türen für Besucher geöffnet, um diese mit ihren fantasievollen Gerichten zu verwöhnen.

Plants by Deliciously Ella: 18-20 Weighhouse Str, Mayfair, (W1K 5LU), https://deliciouslyella.com/plants/, Mo.–Fr. 7.30–22.00, Sa. 9.00–22.00, So. 9.00–18.00 Uhr
Preise: Frühstück £ 15, Hauptgericht ab £ 25
Nächste U-Bahnstation: Bond Street (Central, Jubilee Line)

City of London

ZÄNKISCHE NACHBARN

Lange Zeit war die riesige Kuppel der St Paul's Cathedral das alleinige Wahrzeichen der City of London. Nach und nach wurde der Himmel rundherum dichter. Die Glaspaläste, Insignien monetärer Macht, wuchsen in immer gewagteren Formen und demonstrieren den Kontrast zwischen dem reichen Nordufer und dem seit jeher ärmeren Südufer der Themse.

Auf Norman Fosters Millennium Bridge geht es von der Tate Modern direkt über die Themse hinüber zu St Paul's.

An das verheerende Feuer, dem1666 vier Fünftel der Stadt zum Opfer fielen, erinnert die Monument genannte, 61,50 Meter hohe Säule, die sich genau 61,50 Meter von der Bäckerei in der Pudding Lane entfernt befinden soll, in der der Brand damals ausbrach. Wer die 311 Stufen des Monuments erklimmt, bekommt einen ersten Eindruck von der »City of London« – Lloyd's von Richard Rogers ist zum Greifenn nah.

Die Royal Courts of Justice erinnern an eine Ritterburg (oben). Der Pub »The Black Friar« hat 1875 in der Queen Victoria Street eröffnet (Mitte). Zwischen Fleet Street und der Themse erstreckt sich The Temple mit der Temple Church (unten).

Inmitten all der Finanzpaläste in der City of London behauptet sich unübersehbar die Kuppel der St Paul's Cathedral: Der heutige Bau ist bereits die fünfte Version einer christlichen Kirche an dieser Stelle und wohl die prächtigste. Zu verdanken haben ihn die Londoner einem Unglück, dem Great Fire: Am 2. September 1666 brach in einer Bäckerei in der Pudding Mill Lane ein Feuer aus, das vier Tage lang wütete und alles verschlang – Menschen, Häuser, Kirchen und auch den Vorläuferbau der heutigen St Paul's Cathedral. Für den Wiederaufbau dieser Kathedrale wurde der Architekt Christopher Wren engagiert, der sich dafür, durchaus ambitioniert, die Peterskirche in Rom zum Vorbild nahm.

PHOENIX AUS DER ASCHE

Wrens erste Entwürfe waren den Kirchenräten und Gönnern nicht traditionell genug und »zu wenig englisch«. Mehrere Überarbeitungen, Pläne und ein großes Modell waren notwendig, bis alles abgenickt wurde. Beim Bau selbst kam es dann immer wieder zu Schwierigkeiten, und so konnte Wren statt eines Vierungsturms am Ende doch die mächtige Kuppel durchsetzen. Wie ein Phönix aus der Asche entstand der mächtige Dom – einer der größten der Welt. Lange blieb er das einzige Wahrzeichen der Stadt, das selbst dem „Blitz“ (den Bombenangriffen der Deutschen während des Zweiten Weltkriegs 1940 und 1941) standhielt. Seinem Architekten bescherte er die Ehre, als Erster in einer beachtlichen Reihe britischer Prominenz in der Krypta der Kathedrale bestattet zu werden.

»DAS LEBEN IN DER CITY MACHTE DIE FENSTER IN MEINEM KOPF WEIT AUF.«

Hanif Kureishi

Eine besondere Ehrung erfuhr posthum auch Margaret Thatcher, die erste Premierministerin des Landes: Bei ihrer am

Die Bank of England (links) ist die Zentralbank des Vereinigten Königreichs. Die Royal Exchange (rechts) markiert den Standort der ersten Börse der Stadt und wird heute als exklusives Einkaufszentrum genutzt.

17. April 2013 hier abgehaltenen Trauerfeier wurde das Viertelsgeläut des Big Ben abgeschaltet – zuletzt hatte man das 1965 bei der Trauerfeier für Winston Churchill so gemacht. Unvergessen ist St Paul's aber vor allem als Schauplatz der märchenhaft inszenierten Hochzeit von Prinz Charles und Lady Diana Spencer am 29. Juli 1981, für die selbst die Westminster Abbey zu klein gewesen wäre: 3500 Menschen waren damals in der Kathedrale.

SCHWARZE TALARE UND WEISSE PERÜCKEN

Der Verkehrslärm der Fleet Street verebbt, wenn man die Inns of Court betritt. Kopfsteinpflaster, rote Backsteinhäuser, Grünflächen mit Rasen und Bäumen verströmen große Ruhe. Zwei junge Männer im Anzug schieben einen Stapel Kartons auf einer Sackkarre in die nächste Kanzlei, ein Shop bietet juristisches Zubehör an: schwarze Talare und weiße Perücken. Durch Sprossenfenster schaut man in Büros, vollgestopft mit Akten und Papieren. Ruhe herrscht hier nur vermeintlich, denn die *barristers*, die Juristen, die vor Gericht Plädoyers halten dürfen, haben jede Menge zu tun.

Inner Temple und Middle Temple sind zwei der englischen Anwaltskammern samt Rechtsschulen. Sie bestehen bereits seit dem 14. Jahrhundert, als die

Special

Renzo Pianos »The Shard«

Pyramide an der Themse

Eines der auffälligsten Gebäude in der sich ständig verändernden Skyline der Stadt ist Renzo Pianos Glasturm »The Shard« (Scherbe, Splitter). Stattliche 310 Meter hoch ragt der Bau am Südufer der Themse empor. Anwohnerprotesten und der Finanzkrise zum Trotz konnte das Projekt mit dem Stararchitekten realisiert werden. Dieser war zwar zunächst von dem Vorhaben des Immobilieninvestors, Irvine Sellar, nicht gerade begeistert, aber als er hörte, dass das Hochhaus nicht allein für Büros genutzt, sondern auch am Abend geöffnet sein soll, dass es dort Cafés und Restaurants, Geschäfte, ein Hotel, Privatwohnungen und eine Aussichtsplattform geben sollte, begann er zu skizzieren ... Für den Bau wurde gleich ein ganzer Verkehrsknotenpunkt mit umgestaltet, denn »The Shard« sitzt über der London Bridge Station, in der sechs Bahnlinien, 20 Buslinien und zwei U-Bahnlinien zusammenkommen. So erhielt London also ein neues Wahrzeichen für das 21. Jahrhundert, doch der Bau an dieser Stelle der Stadt ist bis heute nicht unumstritten. Denn Southwark gehört zu den ärmsten Gegenden Londons, und nun ducken sich Sozialwohnungen im Schatten des gläsernen Riesen.

The Shard, 32 London Bridge Street, Aussichtsplattformen: Etagen 68, 69 und 72, April–Okt. Mi.–So. 14.00 bis 22.00, Nov.–März Mi.–So. 13.00 bis 21.00 Uhr, www.theviewfromtheshard.com, Eintritt: £ 27–34, U-Bahn: London Bridge

Klein, aber bedeutend: Die City of London erstreckt sich auf einer Fläche von wenig mehr als einer Quadratmeile, weshalb man sie auch h The Square Mile nennt.

Links: Mittägliche Rast an der Südseite der St Paul's Cathedral

Unten: Im Untergeschoss der Guildhall Art Gallery sind neben der Kunstsammlung auch die Überreste eines römischen Amphitheaters zu sehen.

Das historische und wirtschaftliche Herz der Stadt ist eine eigene Gebietskörperschaft (die City of London Corporation), und als solche profitiert sie bis heute von mittelalterlichen Privilegien.

Rechts: Die aus dem 15. Jahrhundert stammende Guildhall ist einer der wenigen Bauten der City, der trotz Schäden beim Großen Brand 1666 und durch den Bombenhagel im Zweiten Weltkrieg die Zeiten überstand.

Aufstrebende Neubauten: das Lloyd's (links) und das Leadenhall Building daneben. Letzteres wird wegen seiner Form auch »Cheese-grater« (Käsereibe) genannt.

Auch für den 41-stöckigen, offiziell nach seinem Standort benannten Wolkenkratzer »30 St Mary Axe« haben sich die Londoner einen gut nachvollziehbaren Spitznamen ausgedacht: »The Gherkin« (Gewürzgurke).

Deutlich einprägsamer als die offizielle Bezeichnung »20 Fenchurch Street« ist der Spitzname dieses Himmelstürmers: »Walkie Talkie«.

Auch unter den Londons Brücken gibt es Stars. Diese hier ist sogar ein Superstar, weil sie wohl überall auf der Welt sofort mit London verbunden wird: Tower Bridge.

weltliche Rechtsprechung von der kirchlichen Gerichtsbarkeit getrennt wurde. Wir befinden uns auf dem ehemaligen Gebiet des Templerordens, an den auch die nahe Temple Church erinnert. Berühmt wurde sie nicht zuletzt durch Dan Browns auch erfolgreich verfilmten Bestseller »The Da Vinci Code – Sakrileg«.

MONEY MAKES THE WORLD GO ROUND

Das Smartphone am Ohr, überqueren gleich mehrere junge Männer im gut sitzenden Anzug schnellen Schrittes die Threadneedle Street. Geschäftiges Treiben herrscht werktags in der Mittagszeit. Rasch einen Snack und einen Coffee to-go vom Sandwichladen um die Ecke geholt – und weiter geht's. »Zeit ist Geld« – so lautet das Motto in der City of London, wo die großen Geldgeschäfte getätigt werden. Dicht an dicht tummeln sich hier die Londoner Börse und große Banken, himmelstürmende Paläste aus Glas und Stahl zeugen von der Macht des Geldes, mit dem hier gezockt wird. Die in den kühnsten Formen gen Himmel strebenden Bauten der Stadt – The Gherkin, Heron Tower, das Lloyd's und das Leadenhall Building sowie 20 Fenchurch Street – gehören zu den ambitioniertesten Projekten in Europa.

Dass die City eine Welt für sich ist, hat seine Gründe, denn schon seit dem 12. Jahrhundert besitzt sie in der Guildhall eine eigene Verwaltung und einen Lord Mayor samt vergoldeter Kutsche. Tatsächlich sind auch die Anfänge Londons genau hier zu suchen, inmitten all der futuristischen Wolkenkratzer. Denn genau hier war es, wo einst die Römer ihr »Londinium« gründeten.

BESTE PANORAMABLICKE

Die London Bridge war lange Zeit die einzige Brücke über die Themse, doch als gegen Ende des 19. Jahrhunderts ein Verkehrskollaps drohte, musste eine neue her. Lösung: die Tower Bridge! Bewegt man sich heute bis zur Mitte dieser Brücke, hat man eine ideale Plattform für beste Panoramablicke: in Richtung Westen zu den Hochhäusern der City, in Richtung Osten zum Jachthafen des St Katharine's Dock und am gegenüberliegenden Ufer zu den in alten Lagerhäusern eingerichteten Luxuswohnungen von Shad Thames, zum wie eine Pyramide nach oben spitz zulaufenden Hochhaus »The Shard« und dem unförmigen Glasbau direkt neben der Brücke: Dieses »Ei«, das Rathaus des Londoner Bürgermeisters, erinnert in seiner Konstruktion an die Kuppel des Reichstaggebäudes in Berlin. Was kein Zufall ist, denn auch diesen Bau hat der britische Star-Architekt Norman Foster entworfen.

TOLLKÜHNER BRÜCKENENTWURF

Auch die Tower Bridge galt zu ihrer Entstehungszeit gegen Ende des 19. Jahrhunderts als Wunderwerk der Technik. Mit ihrem Bau wollte man dem ständig zunehmenden Verkehr, dem Warenumschlag im östlichen Hafen sowie der wachsenden Bevölkerung im East End Herr werden. Doch der für sie vorgesehene Ort östlich der London Bridge bedeutete, dass die Brücke auch für große Schiffe passierbar sein musste. Horace Jones, der damalige Stadtbaumeister der City of London, erdachte dafür die Konstruktion einer Hänge- und Klappbrücke: die seitlichen Brückenteile verbinden sie mit dem Ufer, die mittleren mit der Fahrbahn können hydraulisch hochgeklappt werden, während Fußgänger über einen Steg in luftiger Höhe den Fluss passieren. Diese faszinierende Technik hatte aber auch ihre Tücken: Ein besonders dramatisches Ereignis war im Jahr 1952 eine Busfahrt der Linie 78, bei der das Gefährt mitten auf der Brücke war, als diese hochklappte. Geistesgegenwärtig trat der Busfahrer aufs Gas und flog samt Insassen auf die andere Seite der Brücke – verletzt wurde dabei wie durch ein Wunder niemand!

TOWER OF POWER

Taufpate für die Brücke war der Tower of London an der Nordseite des Flusses. Die Festungsanlage aus dem 11. Jahrhundert

Oben: Wachablösung im Innenhof des Towers. Darunter: Prunkrüstungen in den Royal Armouries im White Tower

Links: Traditionell sorgen die »Beefeater« in und um den Tower für Ordnung.

Rechts: Im wiederaufgebauten Globe Theatre wurden vor allem die Stücke von William Shakespeare auf die Bühne gebracht.

Ebenfalls im historischen Herz der Stadt: der überdachte Leadenhall Market.

Ältester Teil der ursprünglich im 11. Jahrhundert errichteten Festung ist der heute u.a. die königliche Waffensammlung beherbergende White Tower.

Die Ausstellungsräume der Tate Modern sind in einem umgebauten, riesigen Kraftwerk am Südufer der Themse untergebracht.

Beste Ausblicke auf Stadt, Land und Fluss garantiert eine Fahrt mit dem »London Eye«, mit 135 Metern Europas höchstes Riesenrad.

Entlang der südlichen Uferpromenade zwischen Tower Bridge und City Hall findet sich immer ein gemütliches Plätzchen für eine grandiose Aussicht.

Vom Skygarden im Hochhaus des »Walkie Talkie« blickt man über die Themse hinweg auf dessen südliches Gegenüber, »The Shard«.

»ICH HABE DAS MERKWÜRDIGSTE GESEHEN, WAS DIE WELT DEM STAUNENDEN GEISTE ZEIGEN KANN … – ICH SPRECHE VON LONDON.«

Heinrich Heine

wurde für Wilhelm den Eroberer als Königsburg gebaut. Trutzig wehrte sie Angreifer ab und hatte im Kerker genügend Platz für Gefangene. Zu den berühmtesten gehören zwei Ehefrauen von Heinrich VIII., der Parlamentsattentäter Guy Fawkes und seine Spießgesellen sowie zwei Prinzenkinder, illegitime Söhne von König Eduard IV., die vermutlich umgebracht wurden und bis heute als Geister im Tower spuken sollen.

Noch während des Zweiten Weltkriegs wurden hier auch Kriegsgefangene festgesetzt, und einige Bewohner sind sogar dauerhaft mit dem Bau verbunden: sechs Raben. Diese dürfen den Tower nicht verlassen, denn sonst würde das Königreich untergehen, so die Legende. Da geht man doch lieber auf Nummer sicher und stutzt den Tieren die Flügel.

IM SÜDEN VIEL NEUES

Hat man die Tower Bridge überquert, ist man mitten in der lebendigen Szene der südlichen Uferpromenade. Eine Gruppe Radler passiert den Weg, Kinder rennen, Jugendliche sitzen auf der Ufermauer und spielen mit ihren Handys, Touristen lauschen ihrem Stadtführer und machen Fotos. Die lockere Atmosphäre springt sofort über, entspannt flaniert man in der Menge und schaut dabei immer wieder auf den träge dahinfließenden Fluss. Zwischendurch trinkt man einen Café Latte oder gönnt sich ein Pint. Schon die Römer amüsierten sich hier, und im Mittelalter entwickelte sich das Ufer zu einer »sündigen Meile«.

RIVALEN AM FLUSS

Doch so entspannt heute die Atmosphäre hier scheint – eine Rivalität zwischen Southwark und Southbank zur City und Westminster bestand schon immer: Der südliche Nachbar war stets das Aschenputtel im Vergleich zum reichen Themsenordufer mit Monarchie und Regierung.

Im 19. Jahrhundert wichen die Spelunken dem Bau von Werft- und Hafenanlagen, und als dann in den 1960er-Jahren deren Untergang begann, blieben leerstehende Lagerhäuser, heruntergekommene Wohnungen und marode Hafenkais zurück. Die Gegend drohte zu verkommen, bis Künstler, Musiker und Designer die alten Schuppen für sich entdeckten. In den 1980er-Jahren ließ der Designer Terence Conran die alten Lagerhäuser zu Restaurants und Luxuswohnungen umbauen, in den 1990er-Jahren wurde das Globe Theatre wieder aufgebaut, und spätestens, als die Tate Modern im Jahr 2000 in den Gemäuern der Bankside Power Station entstand, verwandelte sich das südliche Themseufer gänzlich.

Die besten historischen Pubs

HAVE ANOTHER BEER!

»Leicht gekühlt schmeckt's am besten«, sagt der Brite, »bloß nicht eiskalt.« Ale kommt mit einer Temperatur von zehn bis 13 Grad per Handpumpe ins Pint-Glas. Seit vielen Jahrhunderten erhält man das goldbraune Gebräu in den altehrwürdigen Pubs der Hauptstadt. Bestellt und bezahlt wird stets direkt an der Theke. Dazu gibt's traditionell Fish & Chips. Na dann, Prost!

1 Ye Old Cheshire Cheese Pub

Eine schmale Gasse führt von der Fleet Street zum Pub, der auf einem Schild rechts von der Tür anzeigt, welche Könige seit seiner Wiedereröffnung im Jahr 1667 unter Karl II. das Land regierten. Die Holztäfelung in der heimeligen Gaststube hat schon reichlich Patina angesetzt, der Kamin verströmt im Winter eine angenehme Wärme. Geht man die verwinkelten Treppen hinab, eröffnen sich Nischen und Kellergewölbe sowie ein zweiter Schankraum. Literaten wie Samuel Johnson und Arthur Conan Doyle gönnten sich hier ihr Pint. Charles Dickens ließ sich von der mittelalterlichen Atmosphäre zu einigen seiner Romane inspirieren. Berühmt wurde auch Polly, der Papagei, weil er gerne Obszönitäten herausposaunte.

Ye Old Cheshire Cheese Pub, 145 Fleet Street, U-Bahn: Black Friars Tel. 020 73 53 61 70, Mo-Sa 12.00–23.00 Uhr

2 The Dog and Duck

Mitten in Soho besteht dieser Pub seit 1873. Betritt man das Innere, verströmen dort große alte Spiegel und dekorative Wandfliesen noch einiges vom Charme viktorianischer Zeiten. Der kleine Speiseraum in der ersten Etage wurde nach George Orwell benannt, der hier gerne zu Gast war. Um rechtzeitig ein Pint zu ergattern, sollte man früh genug kommen: Der Pub ist sehr beliebt.

The Dog and Duck, 18 Bateman Street, U-Bahn: Tottenham Court Road, Tel. 020 74 94 06 97; Mo.–Sa. 11.30 bis 23.00, So 12.00–23.00 Uhr, www.nicholsonspubs.co.uk

3 Lamb & Flag

In einer kleinen Seitenstraße der Garrick Street versteckt sich dieser Pub in Covent Garden seit 1772. Ursprünglich hieß er »The Coopers Arms«, den heutigen Namen trägt er seit 1833. Er wurde aber auch schon »Bucket of Blood« (Bluteimer) genannt, als hier Faustkämpfe gegen Preisgeld ausgetragen wurden. Ganz so rau geht es heute zum Glück nicht mehr zu. Bei schönem Wetter steht man in der ruhigen Straße vor dem Pub und genießt sein Pint.

Lamb and Flag, 33 Rose Street, U-Bahn: Leicester Square, Tel. 020 74 97 95 04, Mo.–Sa. 11.00–23.00, So. 12.00–22.30 Uhr, www.lambandflagcoventgarden.co.uk

4 Fox & Anchor

Von außen fasziniert die Jugendstilfassade aus hellem Stein und farbigen Kacheln, drinnen weist das dunkle Holzinterieur auf die historischen Wurzeln hin: Seit 1898 schenkt man bei Fox & Anchor den goldbraunen Gerstensaft aus. Die Menükarte ist eine Reminiszenz an die nahen Smithfield-Fleischmarkthallen. Also: fleischlastig. In den oberen Etagen gibt es in sechs komfortablen Zimmern ein Bett für die Nacht.

Fox & Anchor, 115 Charterhouse St, U-Bahn: Barbican, Farringdon, Tel. 020 72 50 13 00, Mo.–Fr. ab 7.00, Sa. ab 8.30, So. ab 11.00 je bis 23.00 Uhr, www.foxandanchor.com

5 Princess Louise

Die Goldlettern über dem Eingang verraten noch nichts. Innen jedoch wird viktorianisches Flair heraufbeschworen: ziselierte Mattglasscheiben, dunkles Holz, geschliffene Spiegel, farbige Kacheln, Mosaikfußboden: Vom Boden bis zur Decke ist in diesem Pub aus dem Jahr 1872 alles erhalten und liebevoll restauriert worden, was hier schon sehr lange einen gemütlichen Abend im Pub sichert. Heimelig sitzt man in Nischen bei seinem Bier. Namensgeberin für diese Lokalität war eine Tochter von Queen Victoria.

Princess Louise, 208 High Holborn, U-Bahn: Holborn, Tel. 020 74 05 88 16, Mo. bis Sa. 12.00 -21.00 Uhr

6 The Grapes

Sehr mehr als 430 Jahren hält sich diese Kneipe schon hier am Themsestrand: 1583 lag dieser Ort zwar noch außerhalb der Stadt, aber dafür wurde dort damals Handel mit der ganzen Welt betrieben. Von hier aus machte sich auch der vielseitig begabte Sir Walter Raleigh auf den Weg in die Neue Welt, ein später in Ungnade gefallener Günstling von Elisabeth I., der vor seiner Hinrichtung gesagt haben soll: »Wenn das Herz am rechten Fleck ist, spielt es keine Rolle, wo der Kopf ist«.

The Grapes, 76 Narrow Street, DLR: Limehouse; Tel. 020 79 87 43 96, Mo.–Sa. 12.00–22.00 Uhr, www.thegrapes.co.uk

7 Town of Ramsgate

Auch die wechselvolle Geschichte diese Pubs ist seit den 1460er-Jahren mit (Fluss-)Handel, Seefahrern und Matrosen verknüpft. Captain Bligh begutachtete hier seine »Bounty«, bevor er mit ihr nach Tahiti segelte. Wer heute auf der kleinen Terrasse zum Fluss sein Bier trinkt, sieht bei Ebbe immer noch den Pfosten, an den früher verurteilte Piraten gekettet wurden, um sie mit der Flut ertrinken zu lassen.

Town of Ramsgate, 62 Wapping High Street, Overground: Wapping, Tel. 020 74 81 80 00, So.–Mi. 12.00–23.00, Do.–Sa. 12.00–24.00 Uhr, http://townoframsgate.pub

8 The Flask

Als im 18. Jahrhundert in Hampstead die Quellen sprudelten, wurde das Gesundheitswasser in diesem Dorfkrug in Flaschen (engl. „flask") abgefüllt. Es sollte gegen allerlei Zipperlein helfen. Der feinen Gesellschaft gefiel das, onnten sie doch dem stickigen London entfliehen, die gute Luft der Heidelandschaft einatmen und sich am Heilwasser laben. Heute wird hier gesunder Gerstensaft ausgeschenkt, und die gute Luft bekommt man bei schönem Wetter im Garten noch immer gratis dazu.

The Flask, 77 Highgate West Hill, U-Bahn: Archway oder Highgate, Tel. 020 83 48 73 46, Mo.–Sa. 11.30–23.00, So. 12.00–22.30 Uhr, www.theflaskhighgate.com

9 The Roebuck

Steigt man aus der District Line in Richmond aus, fühlt man sich in eine Kleinstadt versetzt. Fast ländlich beschaulich wirkt die grüne Szenerie. Oberhalb des Flusses liegt das bereits im 16. Jahrhundert erwähnte Gasthaus, das heutige Gebäude stammt jedoch von 1741. Viele illustre Gäste, etwa die Musiker Pete Townshend und Mick Jagger, sollen hier bewirtet worden sein. Den Maler William Turner entzückte der Blick auf die Natur und den träge dahinfließenden Fluss, den er hier zeichnete.

The Roebuck, 130 Richmond Hill, U-Bahn: Richmond, Tel. 020 89 48 23 29, Mo.–So. 12.00–22.00 Uhr www.greeneking-pubs.co.uk/pubs/surrey/roebuck/

HOLBORN
SPITALFIELDS
CITY
SOUTHWARK
SOUTH BANK
LAMBETH
River Thames
The Barbican Centre
Museum of London
Guildhall
St. Paul's Cathedral
Tate Modern
Globe Theatre
Tower of London
City Hall
London Bridge Station
Waterloo Station
Houses of Parliament
Somerset House
Royal Courts of Justice
Lincoln's Inn Fields
The British Museum
Millennium Bridge
Blackfriars Bridge
Southwark Bridge
London Bridge
Tower Bridge
Waterloo Bridge
Westminster Bridge
Embankment
Strand
Fleet Street
Cheapside
Cornhill
Leadenhall St.
Fenchurch
Upper Thames
Borough
Great Dover
Westminster Bridge Road
Kennington
Maßstab 1:15.000

REICHE CITY, ARME NACHBARN

Die City of London, das schwerreiche Bankenviertel und historische Zentrum, ist seit jeher ein Rivale seiner am gegenüberliegenden Flussufer Nachbarn Southwark und Southbank. Doch die Unterschiede verschwinden allmählich. Mit dem Bau von Tate Modern, London Eye und „The Shard“ wurde der „arme Süden“ aufgewertet.

1 – 15 City of London

Die Stadt an der Themse hat ein Herz aus Glas. Genauer: aus Glas, Stahl und Beton. Doch wo heute zwischen den Bürotürmen Anzugträger mit Laptop und Coffee to-go zum nächsten Meeting eilen, nahm London im Jahr 43 unserer Zeitrechnung seinen Ausgang: als römische Siedlung Londinium. Seit dem Mittelalter hat sich die Fläche der City of London – wenig mehr als eine Quadratmeile – nicht verändert. Im Norden wird sie von der Smithfield Long und der Chiswell Street (bis zur Liverpool Station) begrenzt, östlich von der Middlesex Street (bis zum Tower Hill), südlich von der Themse und im Westen von der Temple Bar.

Tipp

Höhentauglich

Das optisch an ein Walkie-Talkie erinnernde Hochhaus »20 Fenchurch-Street« mag äußerlich keine Schönheit sein, dafür zählen die inneren Werte: Gleich drei obere Etagen umspannt der **Sky Garden** – eine tropisch bepflanzte Oase in luftiger Höhe, wettergeschützt und mit einer spektakulären Aussicht. Besonders schön ist es hier beim Sonnenuntergang, vielleicht mit einem Gläschen Wein aus der **Sky Pod Bar**.

Skygarden, 20 Fenchurch Street, U-Bahn: Monument, https://skygarden.london, Mo.–Fr. 10.00–18.00, Sa./So., 11.00–21.00 Uhr; Zutritt kostenlos mit drei Tage im Voraus gebuchtem Online-Ticket (der Aufenthalt ist auf 90 Min. begrenzt). Ein Glas Wein kostet in der Sky Pod Bar £ 9–14.

Oben: Vorbei an der Bank of England geht die Fahrt zur Royal Exchange. Rechts oben: Blick von der Aussichtsplattform im Hochhaus »The Shard« auf London Bridge und die City. Darunter: in der Temple Church.

SEHENSWERT

Am westlichen Rand der City of London, zwischen Themse und Fleet Street, gruppiert sich mit den vier **Inns of Court**, den Anwaltskammern und Rechtsschulen um die **Royal Courts of Justice**, das juristische Zentrum der Stadt. Zwei dieser Anwaltskammern, 1 **Inner** und **Middle Temple** (www.innertemple. org.uk, www.middletemple.org.uk), haben eine ganz besondere Atmosphäre. Durch das Tor auf Fleet Street Nr. 17 betritt man den Juristenbezirk und gelangt durch die stillen Gassen weiter zur 2 **Temple Church** (www.templechurch.com, U-Bahn: Temple). Vom Orden der Tempelritter im 11. Jh. gegründet, erinnert der Rundbau an die Grabeskirche in Jerusalem. Auf der Fleet Street steuert man dann weiter zu auf die l unübersehbare 3 **St Paul's Cathedral TOPZIEL** zu (St Paul's Churchyard, www.stpauls.co.uk/visit, Mo.–Sa. 8.30–16.30 Uhr; U-Bahn: St Paul's). Die Dimensionen der Kirche sind auch im Innern gewaltig – man sollte sie in der Vierung auf sich wirken lassen. Steigt man dann in der Kuppel nach oben, erreicht man die **Whispering Gallery**: Geflüsterte Worte sind auf der Seite gegenüber zu hören. Weiter hoch geht's zur **Golden Gallery** und **Stone Gallery**: Atemberaubende Blicke über die Stadt sind hier garantiert. In der Krypta ist neben dem Grabmal des Erbauers Christopher Wren auch der Sarkophag Admiral Nelsons zu bewundern.

Ein arger Kontrast hierzu ist der in sich verschachtelte Betonkomplex des 4 **Barbican Centre** (www.barbican.org.uk, U-Bahn: Barbican) mit seinem uncharmanten Äußeren, der jedoch nach innen ruhiges zentrales Wohnen mit plätschernden Wasserspielen und dem größten Kulturzentrum der Stadt (Theater, Film Tanz, Konzerte u.a. mit den Londonern Symphonikern) bietet.

Von der Straßenkreuzung der Bank Station ist es nicht weit zum langgezogenen Gebäude der 7 **Bank of England**: Verantwortlich für Geld- und Währungspolitik des Königreichs, lagern in ihrem Keller die Goldreserven des Landes. Gleich gegenüber davon steht die ehemalige Börse 8 **Royal Exchange** mit den korinthischen Säulen und dem Reiterstandbild des Herzogs von Wellington davor.

Oben rechts: Freie Fahrt voraus im Boot unter der Tower Bridge. Oben links: Hochseilartistik auf derPromenade zwischen City Hall und Tower Bridge. Darunter: Stets frischer Fisch wird im Borough Market angeboten.

An der Kreuzung Lime Street/Leadenhall Street fallen einige spektakuläre Hochhausbauten auf. Bei dem futuristischen Versicherungsgebäude von 9 **Lloyd's** stülpte Architekt Richard Rogers wie beim Centre Pompidou das Innere des Gebäudes – Aufzüge, Rohrleitungen und Lüftungsschächte – nach außen. Für Neugierige ist dieses Haus ebenso unzugänglich wie die benachbarten Hochhäuser. Direkt gegenüber glänzt Norman Fosters 10 **Willis Building**; Inspiration für das gestufte Design könnte der Panzer einer Languste gewesen sein. Auch die gläserne „Gurke" (offiziell: 11 **30 Mary St Axe** hat Foster entworfen. Jünger ist das nach oben wie eine Käsereibe diagonal abgeschrägte 12 **Leadenhall Building**. In den Lokalen von 13 **Leadenhall Market**, einer Ladenstraße mit rotgoldenen Säulen und Glasdach aus dem 19. Jh., verbringen heute Versicherungs- und Bankangestellte ihre Mittagspause. Das Hochhaus 14 **20 Fenchurch Street** verbreitert sich nach oben und erhielt schnell den Spitznamen „Walkie-Talkie".
15 **The Monument** (Fish St Hill, www.themonument.info, April–Sept. 9.30 bis 18.00, Okt.–März 9.30–17.30 Uhr, U-Bahn: Monument Station) erinnert an den großen Brand von 1666, bei dem die City vier Tage lang brannte.

MUSEEN

Das 5 **Museum of London** (150 London Wall, www.museumoflondon.org.uk/museum-london, Mi.–So. 10.00–17.00 Uhr, U- Bahn: St Paul's, Barbican) im Barbican stellt das Leben in den verschiedenen Epochen der Stadt dar.
In der 6 **Guildhall** versammeln sich die Repräsentanten der Stadtgemeinden der City of London. Hier beeindrucken der Ratssaal **Great Hall** (tgl. 10.30–16.00 Uhr) sowie die Werke der Präraffaeliten in der gegenüberliegenden **Guildhall Art Gallery** und das römische **Amphitheater** direkt darunter (Guildhall Yard, Zugang über Gresham Street, www.cityoflondon.gov.uk, tgl. 10.00–16.00 Uhr, U-Bahn: Bank, St Paul's).
Im 7 **Bank of England Museum** (Bartholomew Lane, www.bankofengland.co.uk/museum, Mo. – Fr. 10.00 – 17.00 Uhr, U-Bahn: Bank) darf man Goldbarren in die Hand nehmen, Banknoten zählen und erfährt Geldgeschichtliches.

RESTAURANTS

Bei **€€€ Panino Giusto** (1/3 Royal Exchange Buildings, Tel. 020 72 83 00 57, www.panino giusto.co.uk, U-Bahn: Bank, Mo.–Fr. 7.30–22.30, Sa./So. 10.30–17.00 Uhr) gibt es gut belegte Panini, Salate und warme Gerichte.
Im 38./39. Stock des Heron Tower mit grandioser Aussicht kommt eine Mischung aus japanischer, peruanischer und brasilianischer Küche auf den Tisch: **€€€ Sushisamba** (110 Bishopsgate im Heron Tower, Tel. 020 36 40 73 30, https://sushisamba.com/london, U-Bahn: Liverpool Street, tgl. 12.00–0.30 Uhr).

16 – 17 Tower of London und Tower Bridge

Der trutzige Tower of London hat die Jahrhunderte überdauert und steht mit seiner deutlich jüngeren Nachbarin, der Tower Bridge, für Beständigkeit und Tradition in einer sich schnell entwickelnden Stadt.

SEHENSWERT

Der 16 **Tower of London** **TOPZIEL** (Tower Hill, www.hrp.org.uk/tower-of-london, Di.–Sa. 9.00 bis 17.30, So./Mo. 10.00–17.30 Uhr, U-Bahn: Tower Hill) hat eine mehr als 900-jährige wechselvolle Geschichte hinter sich: als Königsburg, Waffenlager, Gefängnis, Münzprägeanstalt und Aufbewahrungsort für die Kronjuwelen. Im **White Tower**, dem ältesten Teil der Festungsanlage, wird die Waffensammlung präsentiert. Dass im **Bloody Tower** die Gefangenen untergebracht waren, lässt der Name schon erahnen. Im **Jewel Tower** transportiert ein Fließband Besucher an den königlichen Juwelen vorbei, darunter die Krone der verstorbenen Queen Mum mit dem weltberühmten Koh-i-Noor-Diamanten.
Die 17 **Tower Bridge** (www.towerbridge.org.uk, April-Sept. 9.30–18.00, Okt.–März 9.30 bis 17.00 Uhr, U-Bahn: Tower Hill oder London Bridge), markant mit den neogotischen Türmen und den blau-weißen Brückenverstrebungen, gehört wie Big Ben zu den Wahrzeichen der Stadt. In den unterirdischen Maschinenräumen schnuppert man Technikluft, für die Glasböden der in luftiger Höhe angebrachten Fußgängerbrücke sollte man schwindelfrei sein. Die Zeiten wenn die Brücke hochklappt, findet man hier: www.towerbridge.org.uk/lift-times

UNTERKUNFT

Dem **€€€ DoubleTree by Hilton Hotel London Tower of London** (7 Pepys Street, Tel. 020 77 09 10 00, http://doubletree3.hilton.com, U-Bahn: Tower Hill) liegt der Tower zu Füßen. Das Hotel bietet viel Komfort und eine Skylounge für den Absacker mit Weitblick.

18 – 28 Southwark und Southbank

Das südliche Themseufer hat sich seit der Jahrtausendwende gemausert, mit einer Mischung aus historischen und neu genutzten Gebäuden, neuen Glaspalästen und viel Gastronomie. Abseits der Flusspromenade finden sich nach wie vor strukturschwache Wohngegenden, aber der Gang entlang der Themse zeigt, wie aus Industrie- und Hafenanlagen eine reizvolle neue Umgebung entstehen konnte.

SEHENSWERT

Im Straßenzug 18 **Shad Thames** schnuppert man Vergangenheit: An den alten Lagerhäusern, inzwischen komfortable Wohnungen, sind die Werftbeschriftungen, Kranwinden und metallenen Brücken noch erhalten geblieben.
In der 19 **City Hall** (The Queen's Walk, www.london.gov.uk, Mo.–Do. 8.30–18.00, Fr. 8.30 bis 17.30 Uhr, U-Bahn: London Bridge) residiert seit Mai 2016 Sadiq Khan, der erste muslimische Bürgermeister Londons. Als Besucher darf man den gewundenen Pfad in die Kuppel nehmen. Von den oberen Stockwerken des Glasturms 20 **The Shard** hat man einen herrlichen Rundumblick über die Dächer dieser Stadt (s. S. 44).
Die 21 **Southwark Cathedral** (tgl. 10.00–17.00 Uhr, http://cathedral.southwark.anglican.org, U-Bahn: London Bridge) zählt mit ihrem Chor zu den schönsten und ältesten Sakralbauten der Insel. Bevor die heutige Kirche im 13. und 14. Jh. entstand, gab es hier bereits ein Kloster. Nebenan unter den Bahngleisen wartet der 22 **Borough Market** **TOPZIEL** (Mi.–Fr. 10.00 bis 17.00, Sa. 8.00–17.00, So. 10.00–16.00 Uhr, https://boroughmarket.org.uk, U-Bahn: London Bridge) auf Kundschaft. Der seit dem Mittelalter als Markt genutzte Ort ist heute eine gute Anlaufstelle für Köche und Gourmets.

Gemüse und Obst, Wurst und Fleisch, Pork-Pies und Pasta, Brot und Gebäck und vieles mehr in guter Qualität – probieren erlaubt.
Die Wiedererrichtung des »Shakespeare«-Theaters 23 **The Globe** (21 New Globe Walk, www.shakespearesglobe.com, Ausstellung, Führungen Mai–Ende Okt. Di.–So. 10.00–16.00 Uhr) ist dem US-amerikanischen Schauspieler Sam Wanamaker zu verdanken. Das Original war bereits Mitte des 17. Jh. abgerissen worden.
Für kulturelle Vielfalt sorgt das 26 **Southbank Centre** (www.southbankcentre.co.uk) mit über 4000 Veranstaltungen im Jahr, davon viele kostenlos. Vor allem im Sommer ist das Outdoor-Angebot verlockend.
Nicht zu übersehen: das Riesenrad 27 **London Eye** **TOPZIEL** (The Queen's Walk, www.londoneye.com, Feb.–Mai/Sep.–Dez. 11.00–18.00, Juni bis Aug. 10.00–21.00 Uhr, U-Bahn: Waterloo). 30 Minuten dauert eine Umdrehung: Phänomenal und bei gutem Wetter bis zu 40 km weit reicht der Blick aus den Glaskapseln.
Nebenan haben die Fische des 28 **London Aquarium** (County Hall, Westminster Bridge Road, www.visitsealife.com/london, tgl. 10.00 bis 16.00 Uhr) ihren Platz. Genau richtig, um bei schlechtem Wetter die Kinder bei Laune zu halten.

MUSEEN
Die Umwandlung des ehemaligen Ölkraftwerks Bankside Power Station zu einem Kunstmuseum gehört mit zu den größten Veränderungen Londons um die Jahrtausendwende. Die 24 **Tate Modern** (Bankside, www.tate.org.uk/visit/tate-modern, tgl. 10.00–18.00 Uhr, U-Bahn: Blackfriars, London Bridge) zählt zu den weltgrößten Museen für moderne und zeitgenössische Kunst. Aufsehenerregend sind die Installationen in der großen Turbinenhalle, spektakulär ist der Blick vom Blavatnik Building aus dem 10. Stock auf London und … in die Wohnzimmer der Nachbarn. Fast zeitgleich mit dem Tate-Neubau entstand die 25 **Millennium Bridge**. Die von Norman Foster entworfene Fußgängerbrücke verbindet das Museum mit der St Paul's Cathedral auf der gegenüberliegenden Seite der Themse.

RESTAURANTS/UNTERKUNFT
Im **€€€ Tate Modern Restaurant** (6. Etage, Bankside, Tel. 020 74 01 51 08, www.tate.org.uk/visit/tate-modern) kann man gut tafeln: britische moderne Küche mit einem herrlichen Blick auf St Paul's. Südländisches Flair und griechische Meze-Gerichte gibt's bei **€€ The Real Greek** (Units 1 & 2 Riverside House, 2A Southwark Bridge Road, Tel. 020 7620 01 62, tgl. 12.00–22.00 Uhr, www.therealgreek.com, U-Bahn: London Bridge).
Bequeme Betten zu günstigen Preisen in zentraler Lage hat das **€ Premier Inn** (Southwark/Bankside, 34 Park Street, Tel. 0333 321 12 74, www.premierinn.com, U-Bahn: London Bridge).
Auf die Themse blickt man vom **€€€ Sea Containers** (20 Upper Ground at Seacontainers, Tel. 020 37 47 10 00, www.seacontainerslondon.com/, U-Bahn: Waterloo). Das moderne Haus bietet viele Annehmlichkeiten, darunter auch eine Rooftop-Bar.

MUSKELKRAFT FÜR PEDALPOWER

Seit sich der damalige Londoner Bürgermeister Boris Johnson (der später in der Brexit-Debatte eine unrühmliche Rolle spielte und heute britischer Premierminister ist) für die öffentlichen Leihfahrräder stark machte, sind viele Londoner begeisterte Pedaltreter geworden. Kein Verkehrschaos, keine Staus und keine überfüllten U-Bahnen – mit dem Fahrrad lässt sich die Stadt fast so gut wie zu Fuß erkunden: nur schneller.

Auch als Tourist kann man in die Pedale treten, um die Stadt kennenzulernen. Größere Distanzen sind rasch zurückgelegt, man kann jederzeit anhalten, um etwas Interessantes zu sehen, nicht zuletzt schont man dabei auch noch die Umwelt. Um nicht im ungewohnten Linksverkehr verloren zu gehen, bietet sich ein Stadtführung mit dem Rad samt englischsprachigem Guide an.

Los geht's in der Nähe des Archbishop's Park in Lambeth am Südufer der Themse: Helm aufziehen, neonfarbene Sicherheitsweste an und aufgesessen, um gleich darauf mit frischer Muskelkraft an der Tate Modern und am Shakespeare's Globe vorbeizuradeln, ehe nach einem Schlenker zum Borough Market die Tower Bridge überquert wird. Von hier einen Blick auf die moderne Architektur-Skyline erhaschen und dann weiter am Nordufer, am Fluss entlang durch die alten Werften und ein Straßengewirr von Lagerhäusern. Unterwegs erfährt man viel darüber, wie sich die Stadt in all den Jahren verändert hat …

Nach einer kurzen Verschnaufpause geht's in westlicher Richtung zurück, zum City-Finanzdistrikt, der Hochhausmeile und der St Paul's Cathedral, die mit ihrer weithin sichtbaren Kuppel einen guten Orientierungspunkt abgibt.

Start: April–Okt. um 14.00 Uhr, Nov.–März um 12.00 Uhr 74 Kennington Road, Lambeth, SE11 6NL
Dauer: 3,5 Stunden
Kosten: £ 27,95
Infos: www.londonbicycle.com/tours/half-day/oldtown

Auch an St Paul's Cathedral macht die geführte Tour mit dem Rad einen Zwischenstopp.

Andromeda
Triangulum
Perseus
Aries
Taurus
Orion
Lepus
Eridanus
Canis Major
Columba

West-London

*

DIE SCHOKO-LADENSEITE DER STADT

*

Edle Kaufhäuser und Boutiquen, riesige Museen, noble Wohnhäuser, Botschaftsresidenzen und grüne Parks prägen das Bild der westlichen Stadtteile von Belgravia bis Notting Hill. Hier siedelten sich schon früh Aristokraten und die reiche Schickeria an. Heute zählt die Gegend zu den teuersten Adressen der Stadt.

Im Natural History Museum in Kensington: Museumsarchitektur als echter »Hingucker«

Wochenendfreuden am Prinzessin-Diana-Gedenkbrunnen im Hyde Park

Grüne Freizeitfluchten ermöglicht auch der großzügige Garten des Kensington Palace.

»DER ENGLÄNDER LIEBT DAS GEFÜHL, DASS ER ÜBER SICH SELBST LACHEN KANN. ER TUT DAS ABER NUR, UM DEN ANDERN DIE FREUDE ZU NEHMEN, ÜBER IHN ZU LACHEN.«

Peter Ustinov

Wer durch die Straßen von Chelsea oder Kensington bummelt, spürt vielleicht noch einen Hauch von Lady Diana, denn die Gegend war ihre bevorzugte Ausgeh- und Shoppingmeile und nur einen Katzensprung von ihrem Zuhause, dem Kensington-Palast, entfernt. Teure Boutiquen, edle Kaufhäuser und schicke Cafés laden die Lady von Welt zum Geldausgeben ein. Derweil verbringt der Gatte die Zeit beim Skelett eines Wals oder steigt in einen Flugsimulator: Die großen Museen locken mit Wissenschaft, Kunst und Technik. Ein gutsituiertes Flair umweht die westlichen Stadtteile Londons.

MAL SEINE MEINUNG SAGEN

Vom Jagdrevier für König Heinrich VIII. im 16. Jahrhundert zum Platz für Duellanten und Demonstranten hin zur grünen Lunge der Großstadt: Hyde Park hat eine wechselvolle Geschichte hinter sich. Beliebt war der Park schon im 19. Jahrhundert für Demonstrationen. Die Kultur der öffentlichen Meinungsäußerung wird seit 1872 an Speakers' Corner zelebriert: Auch heute noch wird hier über den Glauben, die Weltpolitik oder die Lebensmittelpreise lamentiert. Nur die königliche Familie ist tabu. So skurril dieser Brauch auch scheint – schon Karl Marx suchte hier einst sein Publikum.

Der Park bietet heute aber mehr als große Reden. Er lädt zum Spaziergehen, Reiten, Schwimmen und Joggen ein, zum Kunst entdecken (etwa in den Serpentine-Galerien) oder auch zum sich einfach an der Natur erfreuen und im Rosengarten an den Blumen schnuppern.

WO DIE BOTSCHAFTSFAHNEN WEHEN

Ein Spaziergang rund um den grünen Belgrave Square vermittelt etwas vom noblen Charakter dieses Viertels. Die repräsentativen hellen Häuser mit den Säulen und blankpolierten Messingschildern am Eingang zeugen von den einst gutsituierten Bewohnern. Wer sich noch an die Fernsehserie »Das Haus am Eaton Place« erinnert, wird sicherlich gern zur Nr. 165 Eaton Place pilgern, dem Ort der Außenaufnahmen.

Im 19. Jahrhundert entwickelte sich Belgravia vom ehemals sumpfigen Gelände zu einem der schicksten und teuersten Stadtteile von London. Der Earl of Grosvenor beauftragte den Bauunternehmer Thomas Cubitt mit dem Bau des Viertels, das zu einem feinen Pflaster für vermögende Londoner wurde. Nach dem Zweiten Weltkrieg, in dem große Teile von Belgravia und Knightsbridge durch Bombenangriffe zerstört wurden, zogen Botschaften und Institutionen in viele Häuser ein.

Das Kaufhaus Harrods an der Brompton Road in Kensington ist eine Londoner Institution, aber längst nicht mehr in britischem Besitz.

1985 erwarb es der Familienclan des Ägypters Mohammeld Al-Fayed, der es im Mai 2000 an Investoren aus dem Emirat Katar weiterverkaufte.

Blick auf die Ostseite des Kensington Palace: Ein Großteil des immer noch von Mitgliedern der Königsfamilie genutzten Palasts ist für die Öffentlichkeit zugänglich.

Prähistorisches im Natural History Museum (oben), anschauliche Antike im Victoria and Albert Museum (Mitte), kein Sein ohne Design im Design Museum (unten).

Links: Im Sommer 2017 wurde der imposante Erweiterungsbau des Victoria and Albert Museums eröffnet. Hier sieht man den neu gestalteten Eingangsbereich zur Exhibition Road hin.

Berühmt wurde eine Kneipe im Viertel: die Star Tavern, in den 1960er-Jahren ein beliebter Treffpunkt für Schauspieler wie Albert Finney und Peter O'Toole! Auch der große Postraub von England 1963, bei dem die vielköpfige Bande um Ronald Biggs 2,6 Millionen Pfund (heute etwa 63 Mio. €) erbeutete, soll von den Gentlemen-Gaunern hier im Hinterzimmer ausbaldowert worden sein.

MODE & VERZWEIFLUNG

Flower Power, verrückte Mode, Musik, wilde Partys. Die King's Road in Chelsea, im 17. Jahrhundert als Privatstraße von König Karl II. angelegt, war in den 1960er-Jahren ein absoluter Hotspot, in dem sich die Hippies austobten. Mary Quant machte in ihrem Laden »Bazaar« den Minirock populär, andere favorisierten die Schlaghose. Die Beatles und die Rolling Stones & Co. kleideten sich samt Freundinnen hier ein und feierten wilde Partys. Vivienne Westwood eröffnete in den 1970er-Jahren mit dem Sex-Pistols-Manager Malcom McLaren ihren Laden: Ketten, Nieten, Lack und Leder – kleine Freuden des Alltags für Punker und solche, die es werden wollten! Den Laden gibt es immer noch, nur heute heißt er »World's End« – eine Reminiszenz an den königlichen Straßengründer, der hier das Ende der Welt vermutete. Später mutierte die Gegend rund um den Sloane Square zur schicken Ausgehmeile der »Sloane Rangers« – den gutsituierten Oberschicht-Sprösslingen. Heute kann man hier aktuelle Kunst bestaunen und einen Shoppingbummel machen – wegweisende Modetrends sucht man vergeblich.

KUNST & KOMMERZ

Harrods, eine Institution seit mehr 100 Jahren, war in seinen Anfängen ein kleiner Krämerladen in Ost-London, mit dem Mr. Charles Henry Harrod dann im Jahr 1851 in die Brompton Road zog. Unter Harrods Sohn kamen dort Abteilungen für Parfüm, Schreibwaren und Drogerieartikel hinzu. Das überbordende Warenangebot bestätigt das Motto „Omnia

Ein Haus am Eaton Place – aber nicht irgendein Haus, sondern das der Schauspielerin und Sängerin Adelaide Sartoris, in dem Frederik Chopin am 23. Juni 1848 ein erstes öffentliches Konzert in London gab.

Special

Sommerkunst im öffentlichen Raum

Schön, aber vergänglich

Jeden Sommer eröffnet in der Nähe der Serpentine Gallery und Serpentine Sackler Gallery ein neuer Pavillon – jeweils von einem anderen Architekturbüro entworfen.

Seit rund zwei Jahrzehnten lässt die Serpentine Gallery jährlich einen temporären Pavillon in den Kensington Gardens bauen. Die Galerie selbst besteht seit 1970 und ist in einem ehemaligen Teepavillon aus den 1930er-Jahren untergebracht. Hier werden zeitgenössische Kunst, Design und Architektur gezeigt. Den ersten Sommerpavillon gestaltete die irakischstämmige britische Architektin Zaha Hadid (1950–2016), die 2013 auch das ehemalige Schießpulverdepot von 1805 im Hyde Park in die Serpentine Sackler Gallery verwandelte.

Diesen Sommerpavillon gestaltete 2017 der aus Burkina Faso stammende, in Deutschland lebende Diébédo Francis Kéré.

Auf der Liste der bisherigen Pavillon-Architekten stehen zudem so berühmte Namen wie Daniel Libeskind, Frank Gehry, Peter Zumthor oder das Schweizer Büro Herzog & de Meuron, die auch für den Umbau der Tate Modern verantwortlich zeichnen und den Pavillon mit dem chinesischen Künstler Ai Weiwei gestalteten. 2016 entstanden erstmals vier Sommer-Pavillons. Allen gemeinsam ist, dass sie nur für die Sommermonate im Park stehen und sich in Gestaltung und Material sehr voneinander unterscheiden: von filigran bis massiv, von Holz bis Metall. www.serpentinegalleries.org/whats-on/

Omnibus Ubique“ („Alles für alle, überall“) und trug zuweilen skurrile Blüten, als im Jahr 1967 ein Babyelefant in der Tierabteilung zum Verkauf stand.

Mit dem Einnahmenüberschuss der Weltausstellung 1851 im Hyde Park konnte Prinz Albert, Gemahl von Queen Victoria, nicht nur die Fördergelder für wissenschaftliche Forschung locker machen, sondern auch die Grundsteine für den Bau dreier großer Museen legen: Victoria & Albert, Science und Natural History Museum. Das Viertel trägt seitdem den Spitznamen „Albertopolis“, und ihm hat es ein Denkmal im Hyde Park eingetragen, zu seinen Füßen 169 Komponisten, Architekten, Dichter, Maler und Bildhauer.

KARIBISCHES FLAIR

Rhythmische Klänge von Steeldrums, farbenfrohe Kostüme, nackte Haut, bunt geschminkte Gesichter, fantasievoll geschmückte Wagen und dazu die passende schwüle Temperatur: Am letzten Augustwochenende verwandelt sich der Stadtteil Notting Hill in eine Woge karibischen Karnevals. Umzüge, Musik, Party, Street Food und viele Menschen bestimmen das Straßenbild. Seit 1965 feiert die karibische Community das Fest in den Straßen des Viertels, in das sie als Einwanderer in den 1950er-Jahren gezogen waren. Die Bewohner haben längst gewechselt, der Karneval aber blieb.

Der Karneval in den Straßen von Notting Hill zählt zu den größten Straßenfesten in Europa.

Für die besten Kostüme werden auch beim Karneval in Notting Hill Preise vergeben.

Alice's Antiques in der Portobello Road gab im Paddington-Bär-Film die Kulisse für Herrn Grubers Antiquitätenladen.

Londoner Verkehr

WOZU EIN AUTO?

Wer das Brettspiel »Scotland Yard« noch kennt, weiß, dass die Detektive dem Gangster Mr. X mit öffentlichen Verkehrsmitteln auf den Fersen sind. Heute können Besucher mit dem gleichen Spaß durch die Stadt kommen, ohne Mr. X zu jagen. Eins sollte man jedoch lassen: mit dem eigenen PKW nach und durch London zu fahren.

Oben und rechte Seite: Unterirdisch kommt man in London meist am schnellsten voran.

„Mind the gap!" – Auf langen Rolltreppen geht es hinab, dann eine kurze Treppe hinauf, einen Gang links, einen rechts, und der Bahnsteig ist erreicht. Es ist warm hier unten. Ein starker Luftzug drückt aus dem dunklen Tunnel, gefolgt von metallischem Donnern und Rattern: die Tube, die Londoner U-Bahn, rollt herein. Türen öffnen sich, Fahrgäste steigen aus und mit. „Mind the gap!" warnt der blecherne Lautsprecher vor der Lücke zwischen Waggon und Bahnsteigkante. Ein Signal ertönt, die Türen schließen. Und schon fährt die Bahn wieder los.

Auch wenn die Londoner oft über ihre U-Bahn schimpfen – ohne sie wären die Wege von und zur Arbeit, ins Theater oder in den Club nicht zu machen. Oberirdisch geht der Verkehr nur langsam voran, da stehen Busse, Taxis und Lieferwagen meist im Stau. Citymaut und hohe Parkplatzkosten machen Autofahren zudem recht teuer. Da ist die Fahrt mit der U-Bahn wirklich effizienter. Jährlich werden etwa 1,35 Milliarden Menschen mit der Tube bewegt. Zu den Stoßzeiten morgens und abends ist das Gedränge groß, aber die Taktung der Bahnen ist hoch. Am 10. Januar 1863 wurde die Londoner Untergrundbahn in Betrieb genommen – damit ist sie die älteste der Welt. Heute bedienen elf Linien insgesamt 402 Kilometer Fahrtstrecke mit 270 Stationen und bringen freitags wie samstags auch Nachtschwärmer sicher nach Hause.

UNTERIRDISCH GUT

Und wie findet man sich da am besten zurecht? – Mit dem Liniennetzplan aus den 1930er-Jahren, den Harry Beck entworfen hat. Bis dahin hatte man sich bei solchen Plänen um topografische Genauigkeit bemüht, was meist auf Kosten der Übersichtlichkeit ging. Harry Beck dagegen, der damals als technischer Zeichner in der Signalabteilung von London Underground tätig war, nahm sich einen elektrischen Schaltkreis zum Vorbild und entwarf einen ebenso übersichtlichen wie farbenfrohen Plan, der bis heute das Streckennetz der Tube visualisiert. Eine neue Farbe markiert die Elizabeth Line, eine 118 Kilometer lange Bahnlinie, die West-London mit dem Westen der Stadt unterirdisch verbindet und von 2022 Passagiere befördern wird.

OBERIRDISCH SIEHT MAN MEHR

Taucht man aus den Tiefen der U-Bahnschächte wieder ans Tageslicht, kann man die Fahrt oberirdisch fortsetzen. Busfahren ist zwar langsam, bietet dafür aber von der oberen Etage einen Rundumblick beim Sightseeing. Erstaunlich, wie wendig diese roten Kolosse durch den enormen Verkehr jonglieren. Bei den neuen umweltfreundlichen Gefährten kann man jetzt wieder wie in den alten Zei-

PUBLIC
UNDERGROUND
SUBWAY
CIRCUS
DEMAND MORE
LOVED
Bakerloo

Auch mit einer Fahrradrikscha (ganz oben: in Soho) kommt man bequem durch den Londoner Verkehr, auf dessen Straßen eigene »Fahrradhighways« (oben und rechte Seite: in Whitechapel) eingezeichnet wurden.

ten hinten einsteigen. Bezahlt wird wie in der Tube mit der Oystercard, einem elektronischen Ticket.

Kommt man mal mit dem Bus nicht weiter, kann man immer noch ins Taxi umsteigen! Ohnehin sollte man sich diesen Spaß mal gönnen. Schließlich sind die Black Cabs genauso berühmt wie Big Ben. Und dass sie heute gar nicht mehr nur schwarz lackiert unterwegs sind, hat am generellen Fahrerlebnis nichts geändert: Man sitzt sich bequem gegenüber – und im geräumigen Innenraum hat sogar der Koffer noch Platz.

Für mehr Aussicht empfehlen sich zwei weitere Verkehrsmittel. Da ist zum einen die meist oberirdisch fahrende DLR (Docklands Light Railway). Mit ihr saust man – führerlos – von der Bank Station gen Osten zu den Docklands oder nach Stratford zum Queen Elizabeth Olympic Park und hat dabei schöne Blicke aufs alte East End. Und da ist zum anderen die Emirates Air Line: Lautlos gleiten die Gondeln dieser Seilbahn von North Greenwich quer über die Themse ans Nordufer und gewähren »erhabene« Blicke auf die O2-Arena, die Thames Barrier, Greenwich und Canary Wharf.

DA GEHT NOCH MEHR

Mutig ist, wer in dieser Großstadt umweltfreundlich in die Pedale tritt. Vorsicht ist vor allem bei den blau markierten Strecken geboten. Sie sind wahre Fahrradhighways, auf denen die Londoner zur Arbeit sausen. Die Fahrradausleihe ist sehr einfach: Überall in der Stadt sind Stationen verteilt, an denen man sich per Kreditkarte ein »Boris Bike« mietet, benannt nach dem ehemaligen Londoner Bürgermeister und heutigen Premierminister Boris Johnson.

Auch auf der Themse geht es mit einem eigenen Verkehrsmittel voran: Per River-Bus gelangt man von Westminster zum London Eye, zum Tower oder nach Greenwich. Dieser gemächliche Wasserweg bietet ebenfalls wunderbare Aussichten auf die Stadt.

NICHT ZULETZT PER PEDES

Bequeme Schuhe sind ein wichtiges Attribut für alle Londoner, vor allem für Frauen, die von Berufs wegen oft hochhackige Schuhe tragen müssen. In der Mittagspause kommen für den schnellen Einkauf Ballerinas zum Einsatz. Am Abend, kurz vor dem Feierabenddrink in der Kneipe, werden die bequemen Treter dann wieder gegen die High-Heel-Variante getauscht. Da hat es der Reisende, der die Stadt zu Fuß und in guten Schuhen erkunden möchte, deutlich besser. Vielleicht führt ihn ja ein Besuch in das London Transport Museum (s. S. 39). Dort, in der viktorianischen ehemaligen Blumenmarkthalle von Covent Garden, werden nicht nur allerhand Bustypen und U-Bahnen von einst bis jetzt und Harry Becks Entwürfe ausgestellt, sondern die moderne Museumstechnik fordert auch noch zum Mitmachen und Entdecken auf.

Auf einen Blick

London Transport Museum, Covent Garden, tgl. 10.00–18.00 Uhr, Eintritt: £ 18,50, www.ltmuseum.co.uk

Transport for London: https://tfl.gov.uk

Night Tube: www.london.de/transport/u-bahn/night-tube

trivago
973
ORTLIEB

PADDINGTON
BAYSWATER
KNIGHTSBRIDGE
SOUTH KENSINGTON
BROMPTON
CHELSEA
Hyde Park
Kensington Gardens
The Long Water
The Serpentine
The Round Pond
Kensington Palace
The Fountains
Nursery
Bird Sanctuary
Ranger's Lodge
Ranger's Cottage
Serpentine Gallery
Serpentine Lodge
Physical Energy
Speke's Monument
Peter Pan Statue
Queen's Temple
Magazine
Diana Memorial Fountain
The Lido
Restaurant
Holocaust Memorial
Achilles Statue
Queen Mother Gate
Apsley House
Albert Memorial
Royal Albert Hall
Royal Coll. of Art
Royal Coll. of Music
Imperial College
Science Museum
Natural History Museum
Geological Mus.
Victoria & Albert Museum
The Oratory
Harrods
Saatchi Gallery
Royal Chelsea Hospital
Ranelagh Gardens
Chelsea Barracks
Burton's Court
Royal Brompton Hosp.
Royal Marsden Hosp.
Wallace Collection
Selfridges
Marble Arch
Speakers' Corner
Paddington
Lancaster Gate
Queensway
Bayswater
Marble Arch
Hyde Park Corner
Knightsbridge
South Kensington
Gloucester Road
Sloane Sq.
Edgware Road
Baker Street
Westbourne Park
Bayswater Road
Kensington Road
Kensington Gore
Knightsbridge
Cromwell Road
Brompton Road
Old Brompton Road
Fulham Road
King's Road
Sloane Street
Park Lane
Oxford Street
Marylebone Road
Edgware Road
Westway
Maßstab 1:15.000
300m
1
2
3
4
5
6
7
8
9
10
11
12

GRÜN UND NOBEL

Westlich vom Buckingham-Palast findet man nicht nur Erholung im Hyde Park, sondern auch die herrschaftlichen Häuser à la „Eaton Place“ sowie edles Shopping und einige der besten Museen des Landes. Schon im 19. Jahrhundert wussten die Menschen hier, wo es sich in London gut leben lässt.

1 – 2 Hyde Park, Kensington Gardens

Der von Ost nach West mehr als drei Kilometer messende 1 **Hyde Park** **TOPZIEL** (tgl. 5.00 Uhr bis Mitternacht, www.royalparks.org.uk, U-Bahn: Hyde Park Corner, Knightsbridge, Marble Arch, Lancaster Gate) und Kensington Gardens (tgl. von 6.00 Uhr bis zur Dämmerung, U-Bahn: Queensway, High Street Kensington) sind Londons größte Grünfläche – eine Oase mitten in der Stadt. Hier wird gebummelt, Sport getrieben, in der Sonne gefaulenzt oder es finden Konzerte statt. Auf dem (den Park in der Mitte teilenden) Serpentine Lake kann man Boot fahren (April–Okt. 10.00 Uhr bis Sonnenuntergang, £ 10 für 30 Min.) und im Lido schwimmen

Tipp

Teatime, please!

Ein bisschen Zeit und Hunger braucht man für diese üppige Nachmittagszeremonie des Afternoon Tea: Die Etagere ist schwer beladen mit Ei- und Lachssandwiches, Scones (Teebrötchen), und obenauf türmen sich kleine Kuchen und Pralinen. Dazu gibt es eine Kanne Tee, die Auswahl an feinen Sorten ist groß. Man sitzt in den hellen, hohen Räumen der Orangerie oder bei gutem Wetter auch gern auf der Terrasse davor.

The Orangery, Kensington Palace, Kensington Gardens, U-Bahn: High Street Kensington, tgl. 10.00–18.00 Uhr, www.orangerykensingtonpalace.co.uk/afternoon-tea

Bereits 1640 wurde der zuvor als königliches Jagdrevier genutzte Hyde Park öffentlich zugänglich gemacht. Im Uhrzeigersinn von oben: Henry-Moore-Plastik, Peter-Pan-Statue, Speakers' Corner.

(Juni–Aug. tgl. 10.00 –18.00 Uhr, £ 4,80) oder gemütlich im Café sitzen (im Sommer 8.00 bis 20.00 Uhr) und den Enten zuschauen. Im Westen geht der knapp 1,4 km² große Park in die 2 **Kensington Gardens** über – zusammen sind die beiden Grünflächen ca. 2,5 km² groß.

SEHENSWERT
Hier gibt es einige sehenswerte Denkmäler und Statuen wie das reich verzierte **Albert Memorial**, das Königin Victoria für ihren früh verstorbenen Gemahl errichten ließ. Im Arm hat er den dicken Katalog der Weltausstellung (Great Exhibition) 1851, und er schaut auf die **Royal Albert Hall** gegenüber. Die zierliche **Peter-Pan-Statue**, umgeben von Fabelwesen, Mäusen, Eichhörnchen, Kaninchen, erinnert am **Long Water** an den Jungen, der nie erwachsen wurde. Das **7/7 Memorial** gedenkt mit 52 Metallstelen der Opfer der Bombenanschläge vom 7. Juli 2005.
Der **Kensington Palace** mitten im gleichnamigen Park war sowohl Königin Victorias als auch Prinzessin Dianas Wohnsitz. Beiden sind Ausstellungen gewidmet, zum Leben der Königin und zur Mode der Prinzessin. Heute leben und arbeiten hier Prinz William und seine Frau. Deren Büros sind für Besucher tabu, aber die prunkvollen Staatsräume darf man besichtigen (Mo.–So. 10.00–18.00 Uhr, Eintritt: £17,50, www.hrp.org.uk/kensington-palace, U-Bahn: High Street Kensington).

3 Belgravia

Das noble Wohnviertel ist heute auch Heimat von Botschaften wie denen von Deutschland (in Nr. 23), Spanien, Norwegen und der Türkei.

SEHENSWERT
An der Nord-Ecke des **Belgrave Square** wird Robert Grosvenor, des 1. Marques von Westminster, mit einem Denkmal gedacht. Er sorgte dafür, dass sich im 19. Jh. ein für Wegelagerer berüchtigtes Sumpfgelände zum Wohnviertel für Aristokraten und Gutsituierte entwickelte.

RESTAURANTS/UNTERKUNFT
Mit Blick auf den Orange Square samt Mozartstatue und authentischer Küche stimmt der französische Bistrocharakter des **€€€€ La Poule**

Im Uhrzeigersinn von oben links: Saatchi Gallery und Design Museum in Kensington, Royal Hospital mit der Statue von König Karl II. in Chelsea.

au pot drinnen wie draußen (231 Ebury Street, Tel. 020 77 30 77 63, tgl. 12.00–23.00 Uhr, www.pouleaupot.co.uk, U-Bahn: Sloane Square). Schon in den 1960er-Jahren war €€ **The Star Tavern** (6 Belgrave Mews West, www.star-tavern-belgravia.co.uk, U-Bahn: Knightsbridge oder Sloane Square) eine beliebte Kneipe, und bis heute ist dies ein guter Ort für ein Pint in Wohnzimmeratmosphäre.
Der äußerlich schlichte Eindruck von €€ **B&B Belgravia** (64-66 Ebury Street, Tel. 020 72 59 85 70, www.bb-belgravia.com) trügt: Innen gibt es modern designte Zimmer mit Komfort.

4 – 6 Chelsea

Einen Bummel durch Chelsea beginnt man am besten an der U-Bahnstation Sloane Square und folgt dann der King's Road südwestwärts zur Themse hin.

SEHENSWERT/MUSEEN

Die Residenzen am Themseufer, am 4 **Cheyne Walk** (außerhalb des Cityplans) zeigen mit blauen Plaketten, welche namhaften Persönlichkeiten hier wohnten. Das 5 **Royal Hospital** ist seit 1682 ein Veteranenheim für pensionierte Soldaten, denen man rotbefrackt und mit schwarzem Dreispitz auch auf der Straße begegnet. Besichtigen kann man die Kapelle und ein kleines Museum (Mo.–Fr. 10.00–16.00 Uhr, www.chelsea-pensioners.co.uk/rhc-museum). Im Mai ist der Garten Schauplatz für die berühmte Chelsea Flower Show. In der King's Road präsentiert die 6 **Saatchi Gallery** (www.saatchigallery.com, tgl. 10.00–18.00 Uhr) internationale zeitgenössische Künstler.

SHOPPING

Seit den 1930er-Jahren sorgt das **Kaufhaus Peter Jones** (Sloane Square, www.johnlewis.com/our-shops/peter-jones, Mo.–Sa. 10.00–18.00, So. 12.00–18.00 Uhr) auf acht Etagen für Qualität in Haushalt und Mode. Im liebevoll-altmodischen Laden **Green & Stone**, 259 King's Road, https://greenandstone.com, Mo.–Sa. 10.00 bis 17.00 Uhr) findet ein Künstler alles, was er an Material braucht. In Vivien Westwood's Laden **World's End** (430 King's Road, http://worldsendshop.co.uk, Mo.–Sa. 10.00–18.00 Uhr) werden Kleider, Shirts und Schuhe aus ihrer Kollektion verkauft. Zu erkennen ist dieser Laden an der großen, rückwärts laufenden Uhr über dem Fenster.

RESTAURANT/UNTERKUNFT

€€€€ **Gordon Ramsay** (68 Hospital Road, Tel. 020 73 52 44 41, www.gordonramsayrestaurants.com/restaurant-gordon-ramsay, Di. bis Sa. 12.00 –14.15, 18.30 –21.45 Uhr) ist eine Institution am britischen Kochhimmel. Das dreifach michelinbesternte Restaurant in Chelsea bietet Gourmetgenuss auf höchstem Niveau und ist mittags sogar erschwinglich.
Das €€€ **Sloane Square Hotel** (7–12 Sloane Square, Tel. 020 78 81 59 84, www.sloanesquarehotel.co.uk), ein herrschaftliches Haus mit 102 Zimmern und viel Komfort – direkt am Platz, nur 2 Fußminuten zur U-Bahnstation.

7 – 11 Knightsbridge/ Kensington

Hier locken sowohl die großen Museen wie ausgedehntes Shopping. Im Holland-Park findet man erholsame Stille.

SEHENSWERT/MUSEEN

Der runde Kuppelbau der 7 **Royal Albert Hall** (Kensington Gore, www.royalalberthall.com, U-Bahn: South Kensington) ist u.a. bekannt für seine sommerlichen Night-of-the-proms-Konzerte. Hochkarätiger Musikgenuss wird ganzjährig geboten; interessant sind auch Führungen hinter die Kulissen (z.B. Royal Albert Hall, alle 30 Min. an ausgewählten Tagen, April–Okt. 9.30–16.30, Nov.–März 10.00–16.00 Uhr, £ 14,25).
Das 8 **Victoria & Albert Museum**, kurz V&A, (Cromwell Road, www.vam.ac.uk, Mi.–So. 10.00 bis 17.45 Uhr, U-Bahn: South Kensington) ist eines der führenden Kunstmuseen der Welt. Nicht verpassen: das Museumscafé mit seinen drei wunderschön gestalteten Räumen mit Keramik, vergoldeten Bögen, Säulen und Bleiglasfenstern. Anschaulich werden im
9 **Science Museum** (Exhibition Road, www.sciencemuseum.org.uk, Mi.–So. 10.00–18.00 Uhr, U-Bahn: South Kensington) Forschung und Technik präsentiert. Wissenschaft im 18. Jh., die Entwicklung des Computers, Klimageschehen, Luft- und Raumfahrt und Flugsimulator begeistern mit vielen interaktiven Stationen.
Wer im 10 **Natural History Museum** (Cromwell Road, www.nhm.ac.uk, tgl. 10.00–17.50 Uhr, U-Bahn: South Kensington) nur in Formalin getränkte Tiere im Glas erwartet, liegt völlig falsch. Das Haus befasst sich auf höchstem Niveau mit Säuge- und Kriechtieren, Insekten, Dinosauriern, Pflanzen, Mineralien, Vulkanausbrüchen und Erdbeben. Letzteres so anschaulich, dass der Boden unter den Füßen wankt.
Das 11 **Design Museum** (außerhalb des City-Plans, 224–238 Kensington High, https://designmuseum.org, derz. teilw. geschl.) zeigt unter dem spektakulären Dach des umgebauten ehemaligen Commonwealth Institute Design-

Tipp

Hallo Doktor

Aktueller konnten die neuen **Medizin-Galerien** des Science Museums nicht öffnen: zur Zeit der Corona-Pandemie. Am »Disease Controller« erforscht man die Ausbreitung einer Infektion in einer globalisierten Welt, am Mikroskop untersucht man Zellen. Zur Sammlung gehören neben dem weltweit ersten MRT Scanner auch der Medizinkasten von Captain Scotts Antarktisexpedition sowie antike medizinische Gerätschaften und Kuriositäten. Ein Highlight ist der Nachbau einer viktorianischen Apotheke.

The Science Museum, Exibition Road, www.sciencemuseum.org.uk U-Bahn: South Kensington

objekte des 20. und 21. Jahrhunderts. Direkt dahinter schließt sich der **Holland Park** an.

SHOPPING
Die Food Halls bei **Harrods** (87–135 Brompton Road, www.harrods.com/en-gb, Mo.–Sa. 11.00 bis 19.00, So. 12.00–18.00 Uhr, U-Bahn: Knightsbridge) – Achtung, hier achtet man auf einen Dresscode: keine Shorts oder Badeschlappen! – sollte man unbedingt besuchen. Im Edelkaufhaus **Harvey Nichols** (109–125 Knightsbridge, Mo.–Sa. 10.00–20.00, So. 12.00–18.00 Uhr, www.harveynichols.com, U-Bahn: Knightsbridge) werden Modebegeisterte fündig; die Preise sind hier aber ebenso hochtrabend wie die Ambitionen der Designer.

RESTAURANT/UNTERKUNFT
Zum Pint im echt englischen Pub gibt's thailändisches Essen in **€ The Churchill Arms** (119 Kensington Church Street, Tel. 020 77 27 42 42, www.churchillarmskensington.co.uk, Mo.–Sa. 11.00–23.00 Uhr, So. 12.00–22.30 Uhr).
In kurzer Distanz zu den Museen schläft man gut in einem der 42 Zimmer des **€€€€ Number Sixteen Hotel** (16 Sumner Place, Tel. 020 75 89 52 32, www.firmdalehotels.com). Im Sommer frühstückt man im hoteleigenen Garten.

12 Notting Hill

Weltweite Bekanntheit erlangte das Viertel durch den gleichnamigen Film mit Hugh Grant und Julia Roberts.

SEHENSWERT/VERANSTALTUNG
Bei einem Spaziergang entlang der **Pembridge** und der **Portobello Road** etwa ab **Westbourne Grove** zeigen sich die farbig gestalteten Häuser und viele kleine Geschäfte. Antiquitätenläden, Secondhandshops und Cafés säumen den Weg. Der samstägliche **Portobello Road Market** (www.portobelloroad.co.uk, Sa, 9.00–19.00 Uhr) ist einer der ältesten Straßenmärkte, bekannt vor allem für seine Antiquitäten (zwischen Chepstow Villas und Elgin Crescent). Nördlich davon bis zur Talbot Road deckt man sich mit Obst und Gemüse ein, um anschließend rund um den Westway noch in Fashion- und Vintage-Klamotten zu stöbern.
Das letzte Augustwochenende gehört dem **Notting Hill Carnival** (www.thelondonnottinghillcarnival.com, Sa.–Mo.). Das Spektakel ist über die Jahre zu einem Riesenevent geworden.

RESTAURANT/UNTERKUNFT
Vom australischen Koch wird man im **€€€ Granger & Co.** (175 Westbourne Grove, https://grangerandco.com/notting-hill, Mo.–Sa. 7.00 bis 23.00, So, 8.00–22.30 Uhr) mit internationalen Menüs verwöhnt (mit Wartezeit rechnen, keine Reservierung möglich).
Charmant-liebevoll-individuell gestaltet sind die Zimmer im **€€€€ Portobello Hotel** (22 Stanley Gardens, Tel. 020 77 27 27 77, www.portobellohotel.com). Seine Lage ist unschlagbar nah zur Portobello Road.

SUPPORT YOUR LOCAL FARMER

Wer hätte gedacht, dass es in London auch eine Vielzahl von Bauernmärkten gibt? Den kleinen Markt am Orange Square in Pimlocco am Südende von Belgravia habe ich erst vor ein paar Jahren entdeckt. Direkt unter der Statue für Mozart tummeln sich am Samstagvormittag die Bewohner der umliegenden Stadtteile für ihren Einkauf.

Kein Wunder, das Angebot ist einfach fabelhaft: Das biologische Gemüse kommt von einer Farm in der Nähe von Cambridge, der Ziegenkäse aus den westlich gelegenen Cotswolds, die Tomaten von der Isle of White, Shrimps, Krabben, Hummer von der Küste in Norfolk und das Schweine- und Lammfleisch von einer Farm in Surrey, südlich von London. Absolut lecker sehen das frisch gebackene Sauerteigbrot (aus Brixton), Kuchen und Kekse aus, verlockend sind außerdem die Fruchtsäfte aus Kent.

Alles frisch auf dem Pimlico Road Farmers Market

Wenn möglich, statte ich dem Markt bei meinen London-Aufenthalten einen Besuch ab. Selbst wenn ich nur wenig einkaufen kann – die Atmosphäre ist einfach klasse. Anschließend gönne ich mir dann einen Kaffee bei »Daylesford Organic«, direkt an der nächsten Ecke und schaue, ob ich ein gesundes Mitbringsel für daheim finde. Vor mehr als 40 Jahren stellten die Betreiber des Ladens ihre Farmen in den Cotswolds und Staffordshire auf Bioanbau um und wurden damit sehr erfolgreich, denn in London gibt es drei weitere Filialen.

Pimlico Road Farmers Market, Orange Square, Ecke Pimlico Road/Ebury Street, www.lfm.org.uk/markets/pimlico-road, jeden Samstag 9.00–14.00 Uhr

Daylesford Organic, Ebury Street/Orange Square: Bioladen und Café, www.daylesford.com/locations/pimlico-sw1, Mo. 8.00–18.00, Di.–Sa. 8.00–20.00 Uhr, So. 10.00–16.00 Uhr.

Nächste U-Bahnstation: Sloane Square (Circle, District Line)

WE ARE FAMILY
Family Reunion
QUEERLECTIVE
Queerlective Presents
LET'S TALK ABOUT...SEX

Ost-London

*

VOM ARMEN-VIERTEL ZUR TRENDIGEN MEILE

*

Wo einst Jack the Ripper sein Unwesen trieb, wo Fabrik- und Hafenarbeiter wohnten und arme Einwanderer landeten, zeigt sich ein einst von Armut geprägtes Viertel, das sich verwandelt hat. Heute ist das East End ein buntes und kreatives Quartier mit sehr viel Charme.

Gute Laune garantiert: essen und feiern in einer umgebauten Tankstelle an der Shoreditch High Street

Mit Spitalfields östlich der City beginnt für die High Society und Oberschicht die ehemalige »No-go-Area«: Verrucht, schmutzig und arm war es hier im 18. und 19. Jahrhundert. Mit dem Zuzug junger Kreativer auf der Suche nach günstigen Ateliers setzte dann auch hier die Gentrifizierung ein.

Verrucht, schmutzig und arm war das East End im 18. und 19. Jahrhundert. Einwanderer und Flüchtlinge aus Frankreich, Polen, Russland, Irland, Indien, Pakistan und Bangladesch prägten sein Gesicht. Mit dem Zuzug junger Kreativer begann die Gentrifizierung und damit die Verwandlung der Gegend vom Armenviertel zum trendigen Ort.

VON DER SZENE WIEDERENTDECKT

Ausgefallene Ohrringe, handgestrickte Schals oder trendige Damenwesten aus Herrenschlipsen genäht: Sonntags ist das Gedränge an den farbenfrohen Ständen am größten. Die Menschenmenge wuselt sich durch Mode, Schmuck und Krimskrams. Dazu mischen sich die Gerüche von mexikanischen Tortillas mit asiatischen Gewürzen und dem Duft frisch gebackener Waffeln. Für eine Pause zwischen dem Shoppingbummel braucht man die Hallen nicht einmal zu verlassen, auch wenn es rundherum Boutiquen und Designgeschäfte zu entdecken gäbe: Der Old Spitalfields Market hat genug zu bieten.

Außerhalb der Markthallen setzt sich die bunte Szene aber fort. Die angrenzenden Straßen, die Brick Lane und die Old Truman Brewery, ein ausgemustertes Brauereigelände, wurden zum Quartier für Künstler, Designer, Streetartisten, Kunstgalerien, Läden, Büros für Medienschaffende und mittlerweile auch Wohnungen für Büroangestellten der nahen City of London, mit vielen Bars und Restaurants. Dass sich hier auch junge Modedesigner angesiedelt haben, folgt einer langen Stoff- und Schneidertradition. Geht man durch die Fournier Street und schaut aufs Dachgeschoss der Backsteinhäuser, sieht man ganz oben die teilweise noch erhaltenen Fensterreihen: lichte Arbeitsstätten für die aus Frankreich vertriebenen Hugenotten. Im Jahr 1685 flüchteten sie hierher und brachten die filigrane Seidenweberei mit. Den Hugenotten folgten im 19. Jahrhundert arme osteuropäische Juden, die dem Viertel zu einem guten Ruf im fingerfertigen Schneiderhandwerk verhalfen. Später setzten die Einwanderer aus Bangladesch die textile Tradition mit ihren farbenfrohen Saris fort. Diese werden hier zwar immer noch verkauft, aber viele Geschäfte verwandelten sich inzwischen in Restaurants. Nicht umsonst nennt man die Brick Lane auch »Currymeile«. Links und rechts von ihr sieht man häufig Streetartisten bei der Arbeit, erblickt ihre Werke allüberall.

MIT JACK LONDON IN DIE UNTERWELT

Wie sehr sich Londons East End verändert hat, begreift man vielleicht erst ganz, wenn man sich vergegenwärtigt, wie es hier noch vor hundert Jahren ausgesehen hat. Ein eindrückliches Zeitzeugnis dazu hinterließ uns Jack London, der im Jahr 1902 undercover im damaligen East End für sein Buch „People of Abyss" („Menschen der Tiefe" – hier zitiert nach der im Jahr 1928 erschienenen deutschen Übersetzung von Erwin Magnus) recherchierte. Es klingt wie eine Expedition in eine völlig andere Welt. Nachdem er seinen kopfschüttelnden Cabkutscher nachdrücklich aufforderte, ihn ins damalige East End zu fahren, beschreibt er diese Gegend als »eine einzige große Spelunke ... Wir rollten dahin durch Meilen von Mauersteinen und Schmutz, und jede Querstraße zeigte eine ebenso lange Allee von Mauern und Elend. Hier und dort torkelte ein betrunkener Mann oder eine betrunkene Frau, und die Luft war direkt unrein von Streit und Zank. Auf einem Platz suchten alte Männer und Frauen tastend im Schmutz nach Gemüseabfällen, verfaulten Kartoffeln und Bohnen, während kleine Kinder wie Fliegen um einen Haufen verfaulten Obstes schwärmten und ihre Arme bis zu den Schultern in die breiige Masse bohrten, um kleine Stücke herauszufischen, die nur teilweise in Fäulnis übergegangen waren, und die sie sofort verzehrten.«

Links: die alten Weberhäuser mit den hohen Fenstern in der Fournier Street. Rechts: vor dem Old Spitalfields Market mit Blick auf die Christ Church. Nachdem sich eine Bürgerinitiative für ihren Erhalt einsetzte, wird ein Teil der viktorianischen Markthallen heute wieder genutzt und bildet einen festen Szenebestandteil von East London.

Am Wochenende werden auch in der Brick Lane Marktstände aufgebaut.

Hat gut lachen: die Besitzerin des »Dark Sugars«-Schokoladenladens in der Brick Lane

In der Shoreditch High Street freut man sich über gute Gespräche bei kühlen Getränken (oder umgekehrt).

An- und Einsichten im Designladen Monologue in der Redchurch Street 93

Der Boxpark (Bethnal Green Road) sieht sich als „erste Pop-up-Mall" der Welt und meint damit eine Streetfood und lokale wie überregionale Anbieter fusionierende Shopping-und-Dining-Location.

In der Shoreditch High Street: »Dexter liebte das East End – es war vertrautes Gelände ...Er liebte den Stadtteil mit einer umfassenden Entschlossenheit, die man vielleicht nur noch bei Einwanderern und Fans primitiver Gangsterfilme findet.« (Georgina Hammick, „Fluchtwege")

Queen Elizabeth Olympic Park

Special

Im grünen Olympiatal

Der im Tal des Flüsschens Lea gelegene, nun für alle zugängliche Queen Elizabeth Olympic Park ist das Erbe der Olympischen Spiele 2012. Das Nachhaltigkeitskonzept ging auf – was nicht die Regel ist bei Olympia. Das Aquatics-Centre-Schwimmstadion mit Zaha Hadids Wellendach bietet Platz für Schwimmvereine. In der Copper Box kann Handball, Volleyball und Gymnastik geübt werden. Das Olympiastadion (Abb.) nutzt der Fußballverein West Ham United. Das Lee Valley Hockey und Tennis Center bietet Sportlern Trainingsmöglichkeiten, im Velo-Park kann man um die Wette radeln. Der ganze Park ist von renaturierten Wasserwegen und Feuchtgebieten durchzogen. Kinder haben ihren Spaß an Kletterwänden und auf Spielplätzen. Hauptattraktion des Parks aber ist eine auffällig rote, in sich verschlungene, 115 Meter hohe Stahlskulptur: der Arcelor Mittal Tower (kurz »Orbit« genannt) von Anish

Kapoor und Cecil Balmond. Von zwei Plattformen hat man beste Sicht auf London. Nachträglich wurde eine 178 Meter lange Rutsche angebracht, in der man in 40 Sekunden in vielen Windungen und Drehungen steil hinabgleitet. Wer's ruhiger mag, nimmt die Seilbahn, die zwischen North Greenwich und den Royal Victoria Docks pendelt – auch sie wurde für die Spiele erbaut.
www.queenelizabetholympicpark.co.uk/, Park: tgl.; Orbit: Fr.–So. 11.00 bis 15.00 Uhr

VON JACK THE RIPPER ZU JACKSON POLLOCK

Die Einwanderungswellen vom 17. bis zum 19. Jahrhundert sowie vor allem in der Zeit des beginnenden Welthandels und der Industrialisierung sorgten für eine Anlandung von Arbeitern und Immigranten in Ostlondon.

Nicht nur die Arbeit auf den Hafendocks, sondern auch alle schmutzigen und lauten Betriebe wie Gerbereien, Schlachthöfe, Brauereien, Fischfabriken und Glockengießer waren hierher verbannt worden: weit genug entfernt von den gutsituierten Westend-Wohnungen der Aristokraten, die den Gestank der schmutzigen Betriebe dank der Windrichtung nicht abbekamen.

Schnell war das Viertel übervölkert, Elend und Armut, Prostitution und Alkoholismus, Obdachlosigkeit und Hunger wurden zur ständigen Herausforderung in einem Milieu, in dem zum einen Jack the Ripper 1888 seine bis heute unaufgeklärten Prostituiertenmorde verüben konnte, zum anderen aber auch William Booth 1865 die Heilsarmee gründete.

Am erstaunlichsten aber ist sicherlich, dass ausgerechnet hier im Jahr 1901 die Whitechapel Gallery gebaut wurde – moderne Kunst mitten in einem Viertel, in dem die meisten Bewohner nicht einmal genügend zu essen hatten? Der Standort sowie das damit verbundene Ansinnen waren sozial ambitioniert: Kunst sollte nicht den Reichen vorbehalten, sondern auch den ärmeren Menschen zugänglich sein. Und: Das Konzept ging auf. Heute ist diese Galerie mit der Tate Modern und der privaten Galerie White Cube einer der bedeutendsten Ausstellungsorte, in dem viele Künstler und Werke erstmals in Großbritannien gezeigt werden und wurden; darunter Picassos »Guernica« und Arbeiten von Jackson Pollock, David Hockney, Thomas Struth.

GLITZERNDE HOCHHAUSBAUTEN

Fährt man mit der Docklands Light Railway (DLR) von Bank oder Tower zu den Docklands, dann glitzern die Hochhausbauten One Canada Square und seine Nachbargebäude bereits in der Ferne. Die kühlen stählernen Bauten ragen seit etwa 30 Jahren in den Himmel. Wo einst Bananen, Rum und Getreide gelöscht wurden, zocken heute Investmentbanker mit dem großen Geld, haben die Zeitungen aus der Fleet Street ihre Standorte hierher verlegt.

In den Jahren 1802 bis 1939 waren die Docklands der größte Umschlagplatz für Waren mit der gesamten Welt, ihre größte bauliche Veränderung haben sie seit Mitte der 1980er-Jahre erfahren. Noch bis zum Ende der Swinging Sixties florierten die Hafenanlagen in der Themseschleife auf der Isle of Dogs gegenüber von Greenwich. Aber als die Schiffe größer wurden und die Themse für sie nicht mehr schiffbar war, musste der Hafen Richtung Themsemündung verlegt werden. Damit begann der langsame Verfall der Docklands – 1980 wurden sie endgültig geschlossen.

Bis Mitte der 1990er-Jahre entstanden hier einige der damals größten Hochhäuser wie One Canada Square. Der Zuzug von Banken, Anwälten, Versicherungen und Investmentfirmen gelang jedoch erst, als man in die Verlängerung der U-Bahn-Linie Jubilee investierte und den Bau der DLR in Auftrag gab. Heute tummelt sich hier gut bezahltes Business von Montag bis Freitag in den Hochhaustürmen.

im Museum of London Docklands auf Canary Wharf (oben), am Hafenbecken der St. Katharine Docks (Mitte) und zeitgenössische Kunst in der Whitechapel Gallery (unten)

Rechte Seite: Gläserne Hochhauswelten an Canary Wharf im Herzen der Docklands. Ganz rechts ragt One Canada Square von César Pelli auf, mit 236 m Londons zweithöchstes Gebäude nach „The Shard".

HSBC
Fitch Ratings

Streetfood

LECKER AUF DIE HAND

Landläufig hält sich die Meinung, englisches Essen sei langweilig, fettig und zerkocht. Doch ist man erst einmal auf der Insel, merkt man, dass dieses Urteil nicht mehr zeitgemäß ist. Einflüsse aus den Kochtöpfen der ganzen Welt finden sich in der britischen Küche wieder, den Einwanderern aller Kontinente sei Dank!

Streetfood beim Camden Lock Market: Irgendwo findet sich immer auch gleich ein Plätzchen zum Genießen.

Gutes, schmackhaftes, nachhaltiges und regionales Essen – darauf legen nicht nur die TV- und Sterneköche viel Wert, sondern auch viele ihrer jungen Kollegen in den Food Trucks oder Streetfood-Ständen auf den hiesigen Märkten. Essen auf der Straße frisch zuzubereiten wie in den asiatischen Garküchen, ist längst auch in London allgegenwärtig: Nach Herzenslust wird auf offener Straße gebraten, gerührt, gekocht und gebacken. Und: Statt Fleisch mit fetter Soße, blassem Gemüse und langweiligen Kartoffeln zu servieren, wird gutes britisches Rind zum saftigen Gourmet-Burger gestapelt. Gemüse aus der Region bereitet man knackig frisch in der großen Pfanne zu einem Stir-Fry zu, der Fisch aus nachhaltigem Fang verwandelt sich mit Biokartoffeln zu einer Variante des britischen Nationalgerichts Fish & Chips, die man ruhigen Gewissens essen kann. Angerichtet wird das alles umweltfreundlich in Bambusschälchen, Papptellern oder Papiertüte – schon isst man es aus der Hand.

Das Konzept geht auf: Immer mehr junge Menschen bieten ihre eigenen Kreationen feil. Dabei beschränkt sich jeder Stand meist auf nur ein Gericht. Da stimmen dann die Zutaten und die Preise. In der Summe aber atmet man auf der Straße die Gerüche von geschmolzenem Schweizer Käse, die Gewürze eines afghanischen Currys und den frischen Bratenduft eines argentinischen Steaks ein. Da locken Kaffee aus Peru, arabische Falafel, koreanische Reisschalen, bunte Cupcakes und grüne Smoothies. Von dieser Vielfalt umgeben, fällt es manchem schwer sich zu entscheiden.

INTERNATIONALES ANGEBOT

Heute findet man nahezu in jedem Stadtteil Londons einen Markt mit Street Food. Besonders wuselig geht es sonntags auf dem Brick Lane Market zu, wo sich das zumeist junge Publikum durch die Straße vorbei an Schmuckständen, Selbstgenähtem und Second-Hand-Klamotten schlängelt. Auch in den Camden Markets geht die Mischung auf: Vintage-Mode, Antiquitäten und Haushaltswaren wechseln mit Ständen für süße Crêpes, indische Curries, italienische Pizza, spanische Churros und selbstdestillierten Gin.

Den Angestellten in den Docklands oder der City wird mehrmals in der Woche eine Alternative zum Sandwich geboten in Form von griechischen Souvlaki oder taiwanesischen Reisgerichten. Am bekanntesten ist der Borough Market in Southwark. Hier

Indisches Food in der Old Truman Brewery, einer zum Kultur- und Begegnungszentrum umgebauten ehemaligen Brauerei an der Brick Lane, wo sonntags auch der Brick Lane Market stattfindet.

Links: Food Truck auf der Flaniermeile am südlichen Themseufer.

kaufen Gourmets frisches Gemüse, Wurst, Fleisch, Brot und Obst, und nebenbei probiert man ein paar neue Kreationen. Auch der kleine Berwick Street Market in Soho hat eine lange Markttradition und verkauft nicht nur das Essen to-go, sondern auch Blumen und frisches Bio-Obst.

Der relativ kleine Maltby Street Market in Southwark gehört zu den jüngsten Ablegern. Er ist wegen seines Ambientes besonders charmant: In den Bahnbögen haben sich Lokale angesiedelt, und die hiesigen Marktköche besinnen sich auf traditionelle britische Gerichte wie Scotch Eggs: Das sind mit Hackfleisch ummantelte harte Eier. Man isst den Picknickklassiker mit viel Senf.

Auf einen Blick

Borough Market, U-Bahn: London Bridge, Mo.–Fr. 10.00–17.00, Sa ab 8.00 Uhr
Berwick Street Market, U-Bahn: Leicester Square, Mo.–Sa. 8.00–18.00 Uhr
Brick Lane Market, U-Bahn: Aldgate East, Sa. 11.00–18.00, So. 10.00–17.00 Uhr
Camden Markets, U-Bahn: Camden Town, tgl. ab 10.00 Uhr bis abends
Maltby Street Market, U-Bahn: London Bridge, Sa 10.00–17.00, So. 11.00–16.00 Uhr

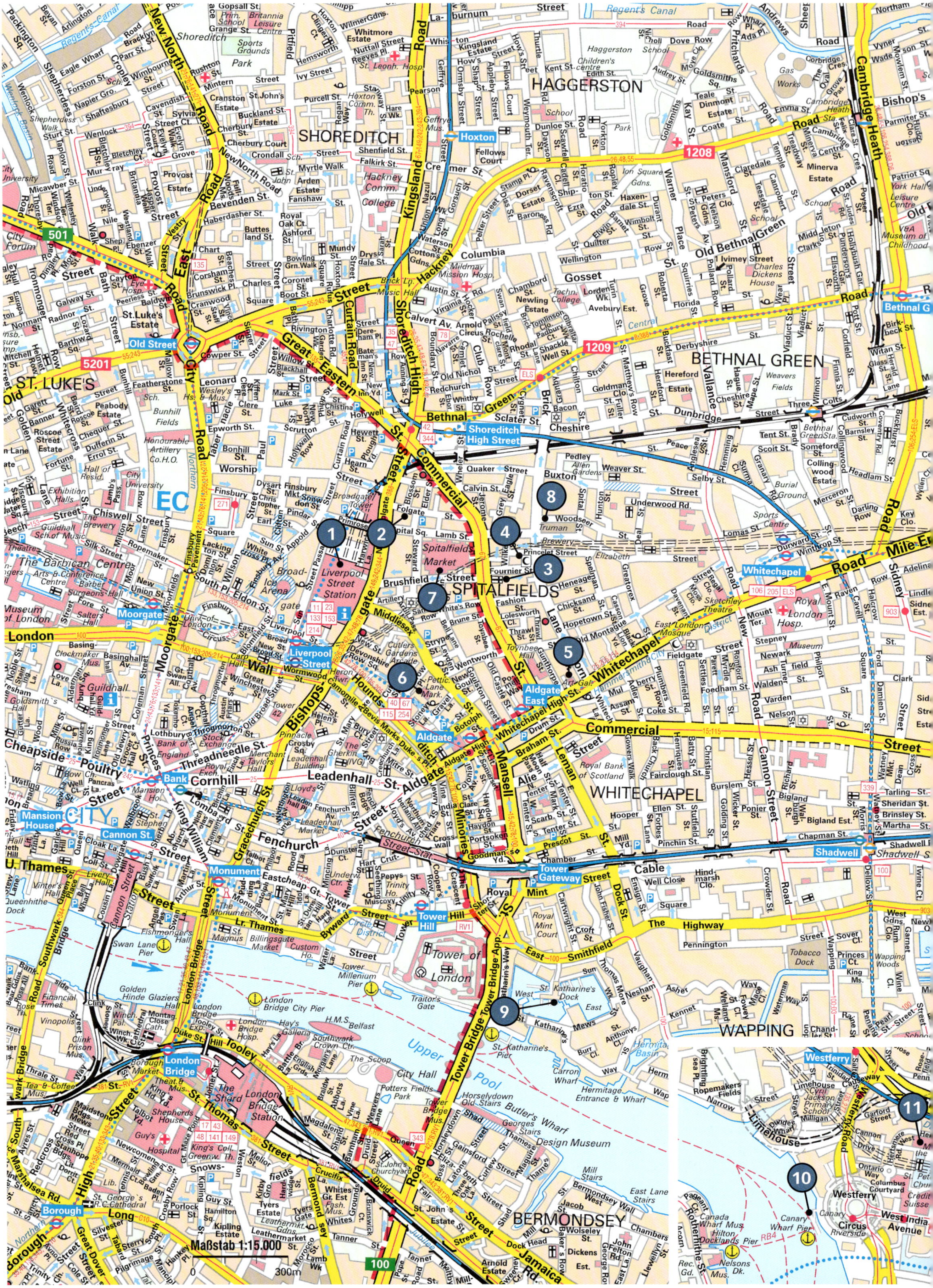
SHOREDITCH
HAGGERSTON
BETHNAL GREEN
ST. LUKE'S
EC
SPITALFIELDS
WHITECHAPEL
CITY
WAPPING
BERMONDSEY
Hoxton
Old Street
Shoreditch High Street
Liverpool Street Station
Liverpool Street
Moorgate
Aldgate East
Aldgate
Bank
Mansion House
Cannon St.
Monument
Tower Hill
Tower Gateway
London Bridge
Borough
Whitechapel
Shadwell
Westferry
Bethnal G
Kingsland Road
Hackney Road
Cambridge Heath Road
Shoreditch High Street
Commercial Street
Commercial Road
Great Eastern Street
City Road
Old Street
Bishopsgate
Whitechapel High St.
Whitechapel Road
Mile End Road
Leadenhall St.
Fenchurch Street
Cornhill
Cheapside
Poultry
London Wall
Moorgate
Upper Thames Street
Lower Thames St.
Eastcheap
Tower Bridge Road
Tooley Street
Borough High Street
Long Lane
Jamaica Rd.
The Highway
Cable Street
East Smithfield
Mansell St.
Minories
Tower of London
Tower Bridge
Upper Pool
City Hall
H.M.S. Belfast
The Shard
London Bridge Station
Guy's Hospital
Design Museum
Butler's Wharf
St. Katharine's Dock
Spitalfields Market
Truman Brewery
The Barbican Centre
Museum of London
Guildhall
Bank of England
Stock Exchange
The Gherkin
Royal London Hosp.
Columbia Road
Limehouse
Canary Wharf Pier
Westferry Circus
1
2
3
4
5
6
7
8
9
10
11
Maßstab 1:15.000
0
300m

KREATIVE SZENEVIERTEL

Trubelige Märkte, farbige Street Art, köstliches Streetfood, künstlerisches Treiben – all das findet man im Osten Londons. Aber wer sich auch mal die Zeit nimmt, durch eine ruhige Nebenstraße zu laufen, spürt den Atem der Geschichte, die hier vor allem Arbeiter und Immigranten geschrieben haben.

1 – 8 Whitechapel/ Spitalfields/ Shoreditch

Neben quirligen Märkten, verrückten Modetrends, leckerem Street Food und bengalischen Curryrestaurants spürt man hier auch noch ein bisschen vom Flair der alten Arbeiterviertel.

SEHENSWERT

Die 1 **Liverpool Street Station** ist ein guter Ausgangspunkt, um das East End zu entdecken. Auf dem südlichen Vorplatz erinnert das **Kindertransportdenkmal** an die Rettung von etwa 10 000 jüdischen Kindern aus Nazideutschland, Polen und Österreich. Sie durften allein mit nur einem Gepäckstück reisen und wurden an diesem Bahnhof in englische Pflegefamilien aufgenommen. Erschaffen hat das Denkmal der Künstler Frank Meisler, der selbst eines dieser Kinder war. Im 2 **Dennis Severs House** (18 Folgate Street, www.dennisseverhouse.co.uk, So. 12.00–16.00, Mo. 12.00–14.00 Uhr, Mo., Mi., Fr. 17.00–21.00 Uhr) hat man das Gefühl, eine Zeitkapsel zu betreten, die einen mitten hinein in das Leben einer hugenottischen Seidenweberfamilie von 1724 versetzt, die anscheinend gerade erst eines der zehn Zimmer verlassen hat: Der Tee dampft in der Tasse, das Ei auf dem Frühstückstisch ist halb verspeist. Bei der 3 **Christ Church** (Commercial Street, www.ccspits.org, Mo.–Sa. 10.00–16.00 Uhr), von Nicholas Hawksmoor entworfen, dominieren Portal und Turm. Die im 18. Jh. entstandene Kirche wurde 2016 nach mehr als 25 Jahren Restaurierung wieder in den originalen Zustand versetzt. Beeindruckend ist die Orgel aus Walnussholz, in der Krypta lockt ein Café. Durch die nahe **Fournier Street** wandert man entlang der alten **Hugenottenhäuser**, die oft eine lichtdurchflutete Dachetage für die Seidenweberei hatten. Heute leben hier gut verdienende Künstler wie Gilbert & George. An der Kreuzung zur **Brick Lane** steht ein denkwürdiges Gotteshaus, das von den Einwanderungswellen zeugt: die 4 **Brick Lane Jamme Masjid** (59 Brick Lane, http://bricklanejammemasjid.org.uk/). Im Jahr 1743 von den Hugenotten als protestantische Kirche erbaut, wurde sie 1819 zur Heimstatt für Methodisten, 1897 zur Synagoge für osteuropäische Juden und ab 1976 zur Moschee für die bengalische Community. Die Säule aus Lochmetall direkt an der Kreuzung gehört zur Synagoge und zeigt sich abends in wechselndem Licht.
Die Gründung der 5 **Whitechapel Gallery** (77–82 Whitechapel High Street, U-Bahn: Aldgate East, www.whitechapelgallery.org, Di.–So. 11.00–18.00 Uhr, Do bis 21.00 Uhr) 1901 mit moderner Kunst war ein Wagnis in einem von Elend und Hunger gekennzeichneten Viertel. Jeden 1. Do. im Monat öffnen 150 Galerien in Ost-London, von denen man einige mit dem sog. Art Bus ab der Whitechapel Gallery besuchen kann.

Vor der Boxpark-Pop-up-Mall an der Bethnal Green Road (oben); im Brick Lane Vintage in der Cheshire Street, vor der Whitechapel Gallery, Ping-Pong-Party im „Bounce" in 241 Old Street (rechts von oben nach unten).

SHOPPING

Den Sonntagmorgen in Ost-London beginnt man mit einem Spaziergang über die Märkte. Traditionell werden auf dem 6 **Petticoat**

Tipp

Grünes Treiben

Duftende Rosen, frische Kräuter, mächtige Palmen, bunte Beetpflanzen: Wer es grün mag, der ist auf dem sonntäglichen **Flower Market** in der Columbia Road genau richtig. Das Gedränge, die Markthändler, die sich laut rufend gegenseitig überbieten, und die Pflanzenvielfalt haben ein besonderes Flair. Die kleinen Geschäfte drumherum mit Schmuck, Cupcakes, Parfüm, Gewebtem und Schuhen sind ebenfalls zu Marktzeiten geöffnet.

Columbia Road, www.columbiaroad.info, So. 8.00–ca.15.00 Uhr

Tipp

Sonntagsmarkt

Unterwäsche, Porzellan, Haushaltsartikel, Pflanzen, vegane Snacks, dicke Burger, süßer Kuchen, rustikales Brot, Secondhandklamotten und Bilder – das ist der sonntägliche Broadway Market nahe Regent's Canal und London Fields. Der besondere Reiz: Der Markt wird hauptsächlich von Einheimischen besucht, und der nahe Park lädt dazu ein, hier den ganzen Tag zu verbummeln.

http://broadwaymarket.co.uk, Sa. 9.00–17.00 Uhr

Lane Market (in Whitechapel, Middlesex Street, So. 9.00–14.00 Uhr) Second-Hand-Ware, Kleidung, Haushaltswaren und Trödel angeboten. Der Name stammt von den Hugenotten, die hier Unterröcke (petticoats) verkauften. Mode von jungen Designern, Kunst und Handwerkliches, Schallplatten, Biogemüse und Antiquitäten werden im 7 **Old Spitalfields Market** angeboten (16 Horner Square, U-Bahn: Liverpool Street Station, https://oldspitalfieldsmarket.com/, tgl. 10.00–17.00 Uhr, Schwerpunkte: Mi. Kleidung, Schmuck, Do. Antiquitäten, Fr. Musikbörse, letzter Sa./So. im Monat Mode, Handgemachtes und mehr). Zwischendurch probiert man, was an den Ständen aus exotischen Zutaten gezaubert wird.
Weiter geht's zum **Brick Lane Market** (zwischen Hanbury Street bis ca. Buxton Street, www.bricklanemarket.com), hier ist ebenfalls sonntags am meisten los. Hat man sich durch die Menschenmassen geschlängelt, erkennt man an Brücke und Schornstein die 8 **Old Truman Brewery** (91 Brick Lane, ÖPNV: Shoreditch High Street). Die sollte man nicht auslassen, denn hier findet man am So. Schmuck und Klamotten sowie einen Flohmarkt und exotisches Essen. Die Shops auf dem Gelände haben auch wochentags geöffnet, in den Cafés sitzt man draußen mit Blick auf Street Art.
Auf der Brick Lane in nördlicher Richtung findet man links und rechts, z.B. in Cheshire- und Redchurch Street, viele unabhängige Läden mit Vintagemode, Schmuck, Schokolade etc.

ERLEBEN

Auf den Spuren des Prostituiertenmörders **Jack the Ripper** folgt man bei einer geführten Tour zu den Schauplätzen seiner Taten. Die abendliche Gruseltour (www.jack-the-ripper-tour.com, £ 10) startet um 19.00 Uhr am Ausgang/exit 1 der Aldgate East U-Bahnstation und führt durch enge Kopfsteinpflastergassen zurück ins viktorianische England.

»ICH WEISS NICHT, WAS MICH NACH EAST END TRIEB … DOCH WÄRE ICH NICHT HIERHERGEKOMMEN, HÄTTE ICH MIR DEN SCHÖNSTEN ROMAN MEINES LEBENS ENTGEHEN LASSEN.«

OSCAR WILDE („DAS BILDNIS DES DORIAN GRAY")

RESTAURANTS

Kulinarisch verwöhnen lässt man sich im €/€€ **Boiler House** (152 Brick Lane, https://theboilerhouse.org, Sa./So. 11.00–18.00, Uhr). Die Essensgerüche an über 30 Ständen machen den Mund wässrig, und von japanisch über italienisch bis afrikanisch fällt die Entscheidung schwer, was man denn nun aus der Weltküche zuerst probieren soll.
Das englische Nationalgericht Fish and Chips probiert man bei €€€ **Poppies** (6–8 Hanbury Street, http://poppiesfishandchips.co.uk, U-Bahn: Old Street). Indisch-britische Gerichte in uriger Atmosphäre bekommt man bei € **Dishoom** (7 Boundary Street, www.dishoom.com/shoreditch, U-Bahn: Old Street, Mo.–Fr. 8.00 bis 23.00, Sa. 9.00–24.00, So. 9.00–23.00 Uhr) den ganzen Tag. Auch bei €€ **Ottolenghi** (50 Artillery Lane, www.ottolenghi.co.uk/spitalfields, U-Bahn: Liverpool Street, Mo.–Fr. 8.00–22.30, Sa. 9.00–22.30, So. 9.00–18.00 Uhr) kann man den ganzen Tag über speisen. Der israelisch-britische Starkoch zelebriert eine mediterrane Küche mit viel Gemüse.

UNTERKUNFT

Die Lobby des €€€/€€€€ **Ace Hotel** (100 Shoreditch High Street, Tel. 020 76 13 98 00, www.acehotel. com) empfängt mit wohnlicher Atmosphäre: ein offener Raum mit gemütlichen Sofas, ein langer Arbeitstisch und eine Bar, umgeben von wechselnden Kunstausstellungen. Die funktional eingerichteten Zimmer im € **The Z Hotel Shoreditch** (136-144 City Road www.thezhotels.com/hotels/shoreditch/, Tel. 020 35 51 37 02, U-Bahn: Old Street) sind klein, aber relativ preiswert für die zentrale Lage.

Oben: In den 1980er-Jahren wurden die Docklands komplett umgekrempelt. Rechts: Am Hafenbecken der St Katharine Docks, im Hintergrund „The Dickens Inn".

9 – 11 Docklands

Die alten Hafenanlagen von London beginnen direkt hinter der Tower Bridge mit den St Katharine Docks. Sie expandierten während der Blütezeit des Empires im 19. Jh. in östlicher Richtung: von Wapping, Shadwell, Ratcliffe, Limehouse bis zur Isle of Dogs, als die Schiffe und der Warenumsatz immer größer wurden. Heute sind die Hafenanlagen aus der Stadt hinaus themseabwärts gewandert, die alten Bbecken größtenteils zugeschüttet, die Lagerhäuser zu erstklassigen Wohnungen umgebaut, und in den Industriebrachen stehen nun die Glaspaläste eines neuen Finanzzentrums in Konkurrenz zur City.

SEHENSWERT

Das stadtnahe Hafenbecken der 9 **St Katharine Docks** wird heute als Jachthafen genutzt. Für den Bau der Docks waren 1827 ein mittelalterliches Krankenhaus und etwa 1200 Häuser abgerissen worden. Hier wurde mit Luxusgütern wie Elfenbein, Marmor, Wein, Parfüm, Zucker und Gewürzen gehandelt. Ein etwa 15-minütiger Spaziergang entlang der Kanäle führt zu **Shadwell Basin**, einem der wenigen erhaltenen Hafenbecken. Unterwegs passiert

man **Tobacco Dock**, ein unter Denkmalschutz stehendes Lagerhaus, das inzwischen für Events genutzt wird.
Von der **DLR (Docklands Light Railway) Station** in Shadwell fährt man mit der führerlosen Bahn bis **10 Canary Wharf**. Die Landzunge Isle of Dogs in der Themseschleife hat die größten baulichen Veränderungen erfahren, nachdem die Docks aufgegeben und der Containerhafen themseabwärts nach Tilbury verlagert wurde. Die alten Docknamen blieben erhalten und zeugen von ihrer früheren Nutzung: Im West India Dock wurde Rum angeliefert, Obst und Gemüse von den Kanarischen Inseln kam zu Canary Wharf. Geblieben sind einige Kanäle, ansonsten erhebt sich hier eine Stadtlandschaft aus Glas und Stahl, die ab Mitte der 1980er-Jahre entstand und hauptsächlich von Montag bis Freitag belebt ist. Infrastruktur besteht nur in Form von Restaurants für die Mittagspause; ansonsten findet man hier allenfalls mal ein Pub fürs Feierabendbier.

MUSEUM
In einem ehemaligen Zuckerspeicher auf den West India Docks ist das **11 Museum of London Docklands** (No.1 Warehouse, West India Quay, www.museumoflondon.org.uk/museum-london-docklands, tgl. 10.00–18.00 Uhr) untergebracht. Es beschäftigt sich mit dem Handelsweg Themse, den Docklands und wirft Fragen zur Sklaverei auf, die durch den Handel mit Kaffee und Zucker entstand. Das Leben der Hafenarbeiter ist anschaulich dargestellt in einem nachgebauten Hafenviertel mit dunklen Gassen. Auch der Zerstörung weiter Teile der Docklands während des Zweiten Weltkriegs und ihrer späteren Schließung ist ein Teil der Ausstellung gewidmet.

RESTAURANTS/BAR
Urig sitzt man im **€€/€€€ The Dickens Inn** (50 St Katharine's Way, www.dickensinn.co.uk, Tel. 020 74 88 22 08) mit einem Gefühl vom alten England und Blick auf das Hafenbecken.
Im **€€€ Boisdale of Canary Wharf** (Cabot Place, www.boisdale.co.uk/canary-wharf/the-venue, Tel. 020 77 15 58 18, Mo.–Fr. 12.00 bis 23.00, Sa. 18.00–24.00, So. 11.00–16.00 Uhr) wird modern-schottisch gekocht: Jakobsmuscheln und Austern, Moorhuhn, Haggis und Aberdeen-Steak. Außerdem wird zum Whisky auch Livemusik geboten.
Die sommerliche **Rooftopbar Skylight London** (Tobacco Dock, Pennington Street Entrance, www.skylightlondon.com, Do./Fr. 17.00–23.00, Sa./So. 12.00–23.00 Uhr, Overground/DLR: Shadwell) mit Crocket-Rasen und Sommercocktails verwandelt sich ab November in eine atmosphärisch-stimmungsvolle Winterlandschaft mit Eislaufbahn und Glühwein.

UNTERKUNFT
Im **€€€€ London Marriott Hotel West India Quay** (22 Hertsmere Rd, Canary Wharf, marriott.com, Tel. 020 70 93 10 00) wohnt man direkt in den Docklands. Die großzügigen Zimmer haben teilweise Blick auf die Kaianlagen, einige liegen sehr nah an den Bahngleisen.

JA
NATÜR
LICH

VERSTECKTE OASE

Es gibt viele Grünflächen in Ost-London, aber dieses Kleinod inmitten hektisch-lautem Verkehr ist leicht zu übersehen. Etwas zurückversetzt von der Straße, liegt es hinter einem grünen Tor. Den Namen Eastern Curve Garden verdankt es einer ehemaligen Eisenbahnlinie, die hier in einer Ostkurve die Stadtteile Camden mit Poplar verband.

Wer den Garten besucht, fühlt sich rasch verzaubert. Die schattigen Wege sind gesäumt von Birken und Haselnusssträuchern, Weißdorn, Adlerfarn und Wildblumen, die Bienen, Insekten und Schmetterlinge anlocken. In mehreren Hochbeeten wachsen Gemüse, Kräuter und Erdbeeren, die im nachbarschaftlichen Engagement mit dem Mitarbeiterteam gepflanzt und gepflegt werden. Das Café in einem Holzpavillon trägt zur Finanzierung des Gartens bei. Ich versorgte mich von dort mit Tee und Kuchen und suchte mir einen lauschigen Platz. Die grüne Idylle ließ mich die Großstadt und den Verkehr fast vergessen.

Was für ein tolles Gemeinschafts- und Nachbarschaftsprojekt: Nicht nur das Gärtnern verbindet, sondern auch die ganzjährigen kulturellen Events. Regelmäßig werden Yoga- und Tai-Chi-Stunden angeboten, es gibt Nachmittage für Familien, an Sommerabenden Musik auf der Woodburner-Bühne, im Herbst leuchten die Kürbisse zum Laternenfest.

Dalston Eastern Curve Garden, 13 Dalston Lane, Dalston, http://dalstongarden.org, tgl. 14.00–19.00 Uhr, im Sommer länger; Café und Toilette vorhanden.

Eingang: neben dem riesigen Wandbild „Hackney Peace Carnival"

Nächste U-Bahn Station: Dalston Junction
Oder Overground-Station: Dalston Kingsland

Bushaltestelle neben dem Garten für die Busse Nr. 30, 38, 56, 242 und 277

RUSSIAN REVOLUTION
Hope, Tragedy, Myths

Nordwest-London

*

SCHICK UND TRENDY

*

Kontrastreicher könnte Londons Nordwesten kaum sein: mit seinen verkehrsreichen Bahnhöfen und dem riesigen Ruhepol von Regent's Park, dem fast kleinstädtisch wirkenden Marylebone und dem von Alternativkultur geprägten Camden. Nicht zu vergessen das intellektuelle Erbe von Bloomsbury mit der Londoner Universität und dem größten Museumsschatz der Stadt.

Think big: Die British Library besitzt mit mehr als 170 Millionen Werken den größten Medienbestand aller Bibliotheken weltweit.

Das British Museum – hier die Ägyptische Abteilung – dokumentiert die ganze Menschheitsgeschichte von ihren Anfängen bis heute.

Aus der Privatsammlung des Kunstsammlers und Mäzens Richard Wallace ging die Wallace Collection hervor.

»ICH REISE STÄNDIG UND SEHE VIELE STÄDTE, ABER LONDON SUCHT SEINESGLEICHEN.«

Norman Foster

Sandwiches, Gläser, eine Flasche Wein und eine Decke im Gepäck und vorbei am London Zoo, hinauf zum Aussichtspunkt von Primrose Hill, im nördlichen Teil von Regent's Park. An einem lauen Sommerabend nimmt man hier oben Platz und blickt auf die Londoner Skyline. Direkt unterhalb lädt der Regent's Park dazu ein, die Seele baumeln zu lassen: Man schnuppert an den Rosen im Queen Mary's Garden, besucht im Sommer das Open Air Theatre, absolviert eine kleine Ruderpartie auf dem See, beobachtet die Wasservögel, dreht eine sportliche Joggingrunde, macht es sich auf dem Rasen gemütlich, stattet den Tieren im London Zoo einen Besuch ab oder verbummelt den Nachmittag mit einem guten Buch in einer verwunschenen Ecke von St John's Lodge Garden.

EIN PARK (NICHT NUR) FÜR DEN REGENTEN

Benannt wurde der Park nach dem Prinzregenten und späteren König Georg IV., der im Jahr 1811 den Architekten John Nash mit der Umgestaltung des ehemaligen Jagdreviers beauftragte. Im Park selbst wurden einige Villen realisiert und das Gelände der Öffentlichkeit zugänglich gemacht. Nash entwarf auch die schmucken weißen Stuckhäuser, »Terraces« genannt, die den Großteil des Parks umgeben. Besonders schöne Exemplare stehen am Park Crescent im Südosten. Hier grenzt der Park an das etwas beschaulich wirkende Marylebone an, das als Wohngegend äußerst beliebt, aber leider auch unerschwinglich teuer ist. Vielleicht macht das etwas kleinstädtische Flair den Charme dieses Stadtteils aus: mit hübschen Boutiquen, Feinkostläden und guten Restaurants, die zum Bummeln und Verweilen einladen.

SCHÄTZE AUS ALLER WELT

Der größte Schatz von Bloomsbury ist wohl das British Museum. Seine überwältigende Menge kulturhistorischer und archäologischer Exponate aus der ganzen Welt lockt jährlich an die sechs Millionen Besucher an. Das Gebäude selbst beeindruckt durch seinen Säulenportikus und das von Norman Foster entworfene Glasdach über dem Innenhof.

Die über das ganze Viertel verteilten Gebäude der Londoner Universität zeugen auch heute noch vom intellektuellen Flair, das dem Viertel seit jeher zugestanden wird. Hier und im angrenzenden Fitzrovia trafen sich in der ersten Hälfte des 20. Jahrhunderts Denker und Schriftsteller wie E. M. Forster, Victoria Sackville-West, John Maynard Keynes sowie Mitglieder der sogenannten Bloomsbury-Gruppe um die Schriftstellerin Virginia Woolf. Der Name des Viertels geht zu-

Kritiker monieren die etwas antiquiert anmutende Präsentation der Exponate im British Museum.

Angesichts von Norman Fosters Glaskonstruktion für die Überdachung des Great Court im British Museum verstummen aber auch sie.

Es soll Menschen geben, die nur wegen der Museen nach London fahren. Dafür gibt es auch viele gute Gründe – und doch wäre es schade, sich hier nicht auch auf das Alltagsleben einzulassen, in den Straßen etwa oder im Pub …

Oben: Seiner neun Meter hohen Skulptur für die St Pancras Station gab der Künstler Paul Days den Titel »The Meeting Place«.

Oben: Streetlife in der Camden High Street. Mitte und unten: im Pub Princess Louise (208 High Holburn)

Der King's Library Tower im Foyer der British Library: Allein die Büchersammlung der weltberühmten Medienbibliothek umfasst 25 Millionen Werke und verteilt sich auf 700 Regalkilometer.

St Pancras

Special

Viktorianisches Bahnhofshotel

Der Bau des Midland Hotels ist eng verknüpft mit dem des Bahnhofs St Pancras für die Midland Railway, die Mitte des 19. Jahrhunderts eine eigene Zugstrecke samt Bahnhof in der Hauptstadt errichtete.
Nicht nur die für damalige Verhältnisse monumentale Bahnhofshalle mit 75 Meter Bogenweite war spektakulär, auch das angrenzende Hotel sollte es sein. Den Architekturwettbewerb gewann der renommierte Architekt George Gilbert Scott mit einem Entwurf im neugotischen Stil. Von 1873 bis 1935 blieb das Haus ein exklusives Hotel, später wurde es als Bürogebäude genutzt.

Dass das Haus erhalten blieb, ist dem streitbaren John Betjeman und der Victorian Society zu verdanken: Es wurde unter Denkmalschutz gestellt und viele Jahre später zurück in ein Hotel verwandelt. Restaurierung und Modernisierung gingen eine gelungene Symbiose ein. Wo dies möglich war, blieb das ursprüngliche Design erhalten mit farbigem Marmor, Blattgold, Fleur-de-lis-Wanddekoration, gotischen Bögen und dem spiralförmigen Treppenhaus. Die Zimmer wurden alle auf modernen Standard gebracht, Spa, Fitnesscenter und Pool kamen hinzu. Heute ist das Haus wieder ein guter Standort für Reisende, denn inzwischen ist St Pancras der Bahnhof für den Eurostar.
https://stpancras.com/hotel

Hotel und Bahnhofskathedrale: St Pancras

rück auf die Dukes of Grafton aus der Familie Fitzroy, nach denen auch die Fitzroy Tavern (Charlotte Street/Windmill Street) benannt ist; viele Jahrzehnte lang ein beliebter Treffpunkt für Dichter und Denker wie Dylan Thomas, George Orwell und Aleister Crowley.

ZÜGIG NACH LONDON

Nur sehr schwungvoll gelangt der Zauberlehrling Harry Potter zum Gleis 9¾ am Bahnhof King's Cross, um den Hogwarts Express zur Schule für Hexerei und Zauberei zu erreichen, indem er mit dem Gepäckwagen samt Eule durch die Absperrung zwischen den Gleisen neun und zehn rennt. Heute treffen sich neben dem Harry-Potter-Shop im Bahnhof die jungen und erwachsenen Fans des Romanhelden und hüpfen für den Fotografen in die Luft, während sie den halben Gepäckwagen vermeintlich durch die Wand schubsen.

Architektonisch interessant ist die sich an die runderneuerten Gebäudeteile von 1852 schmiegende neu gestaltete Schalterhalle. Das neue Glasdach wird gehalten von einem halbkreisförmigen Netz aus weißen Stahlstreben.

Eisenbahnromantiker werden auch ihre helle Freude am benachbarten Bahnhof St Pancras haben. Kommt man hier mit dem Eurostar an, beeindruckt heute wie

Königlich: Queen Mary's Garden im Regent's Park

»DIE ENGLÄNDER UNTERSCHEIDEN SICH VON DEN AMERIKANERN NUR DURCH DIE SPRACHE.«

George Bernard Shaw

damals das kathedralenartige Bogendach des 1868 eingeweihten Bahnhofs mit seiner gigantischen Spannbreite. Dem Streiter für den Erhalt des Bahnhofs und des angrenzenden Hotels, dem Dichter, Journalisten und Publizisten John Betjeman, ist im Bahnhof ein Denkmal gesetzt.

Weniger schön von außen, dafür innen mit einem umwerfenden Fundus an Büchern, Schriften, Aufzeichnungen, Grafiken, Karten, Handschriften und Manuskripten gibt sich die British Library direkt neben dem St Pancras Hotel.

BUNT, SCHRILL, VERRÜCKT

Zwischen den beiden Bahnhöfen führt der King's Boulevard zum ehemals eher schmuddeligen Güterbahnhofsgelände, auf dem eine lebendige Wohn-, Kultur-, Universitäts- und Ausgehmeile entstanden ist, die noch weiter wächst. Bei sommerlichen Temperaturen genießt man das Open-Air-Kino am Regent's Canal oder verfolgt das Wasserspiel von 1000 Düsen am Granary Square mit einem Snack. Am Wochenende pilgert dann halb London zu den Camden Markets, um in Shops und an Ständen zu stöbern. Verlässt man die U-Bahnstation Camden Town, wird man auf der Camden High Street von farbenfrohen Häuserfassaden mit kreativer Objektkunst empfangen: Übergroße Turnschuhe ragen aus einem Obergeschoss, eine künstliche Schlange windet sich zwischen den Fenstern im zweiten Stock, ein gelber Elefantenkopf lockt von der Hauswand zu indischen Tüchern und Räucherstäbchen im Erdgeschoss, Kleiderständer mit bedruckten Shirts versperren den Gehweg. Der Weg führt unweigerlich zu den Camden Locks, wo in einer verwirrenden Anzahl von Etagen und Hallen alles feilgeboten wird, was das Herz begehrt: Flohmarktgeschirr, Lederjacken, indische Decken und Yogakissen, antike Möbel und Schmuck, selbstgeschneiderte Kappen und bedruckte T-Shirts. Großen Hunger braucht man, wenn man das reichhaltige Angebot der Food-Stände probieren möchte: Der Geruch von frischem Pizzateig vermischt sich mit dem Bratenduft von Fleischspießen, vegane Tacos werden neben Hotdogs feilgeboten. Es gibt libanesische Falafel und spanische Churros, indische Burger und indonesisches Curry, Smoothies und Gin.

Diese Gegend war auch die Heimat der Musikerin Amy Winehouse, der auf dem Gelände ein Denkmal errichtet wurde, das sie natürlich mit ihrer typischen Bienenkorbfrisur zeigt. Von den Camden Locks aus kann man sich schließlich auch über den Kanal wegbegeben, entweder zu Fuß über den Treidelpfad oder per Kanalboot bis Little Venice.

Großes Gedränge am Camden Lock, wo die Narrowboats anlegen.

Es geht auch mit dem Kajak auf dem Regent's Canal durch Camden.

Farbenfrohe Häuserfassaden mit kreativer Objektkunst in der Camden High Street.

Die schönsten grünen Oasen

ENTSPANNUNG PUR

Grünflächen, Rasen, Blumenrabatten, Sträucher, Bäume – das gibt es reichlich in London. Die Stadt bietet auch jenseits von Hyde Park & Co. viele versteckte Oasen für Entspannung und Erholung im Großstadtdschungel. Viele haben royale Wurzeln, sind ganzjährig geöffnet – und gänzlich umsonst.

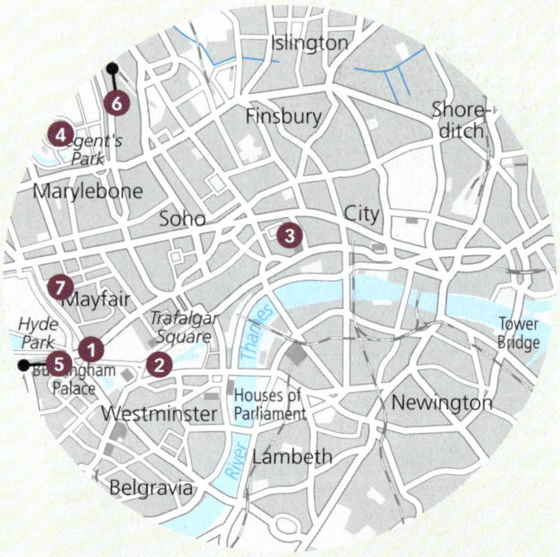

1 Picknick im Liegestuhl

Schon im 17. Jahrhundert diente der dreieckige Green Park der Erholung. Diese war aber König Karl II. vorbehalten, der hier gern einen gesundheitsfördernden Spaziergang mit seinen Hunden unternahm. Seit Anfang des 19. Jahrhunderts darf sich hier jeder erholen. Dazu mietet man sich einen »deck chair« für eine Stunde oder mehr, bringt sich ein Picknick und etwas Lektüre mit – und schon setzt die pure Entspannung ein, mitten in der Großstadt.

The Green Park: Zwischen Piccadilly und Constitution Hill, ganzjährig geöffnet; U-Bahn: Green Park oder Hyde Park, www.royalparks.org.uk/parks/green-park; Liegestuhlmiete: März bis Okt. 1 Std. 1,80 £; 2 Std. 2,80 £, ganzer Tag 9 £

2 Tierisch gut: Pelikane und mehr

Tiere waren stets gern gesehene Gäste im ältesten der royalen Parks. Zunächst ästen hier Hirsche, als König Heinrich VIII. im Jahr 1536 sein Jagdrevier nahe dem Whitehall Palast anlegen ließ. Seine Nachfolger veränderten den Park, exotische Tiere kamen und gingen. Die Umwandlung durch John Nash im 19. Jahrhundert gab dem Park seine heutige Form mit dem geschwungenen See und grünbewachsenen Pfaden. Seither haben sich Wasservögel, Eichhörnchen, Fledermäuse und Füchse angesiedelt. Die berühmtesten Parkbewohner sind jedoch die Pelikane und das schon seit dem 17. Jahrhundert.

St James's Park: Zwischen The Mall und Birdcage Walk, gegenüber dem Buckingham Palace; ganzjährig geöffnet von 5.00 Uhr bis Mitternacht; U-Bahn: St. James's Park; www.royalparks.org.uk/parks/st-jamess-park; Fütterung der Pelikane: täglich zwischen 14.30 und 15.00 Uhr nahe dem Duck Island Cottage

3 Entspannung für Juristen

Auf dieser im 17. Jahrhundert von dem Architekten Inigo Jones kreierten grünen Insel führte das Duke's Theatre einst berühmte Stücke auf. Und für die angehenden Juristen aus dem benachbarten Lincoln's Inn ist die Grünfläche auch ein Ort, sich auf ihre ersten Plädoyers vorzubereiten. Gerne nehmen die Anwälte hier ihr mittägliches Picknick ein oder treffen sich für ein kleines Tennismatch.

Lincoln's Inn Fields: Zwischen Lincoln's Inn Fields und Newman's Row, www.camden.gov.uk/parks-in-camden; ganzjährig geöffnet 7.30 Uhr bis zur Dämmerung; U-Bahn: High Holborn

4 Im Juni in den Rosengarten

Anfang Juni ist der Duft der 12 000 Rosen besonders betörend. Dann verwandelt sich der nach der Ehefrau von König Georg V. benannte Garten in einen Farben-, Formen- und Duftrausch. Rittersporn, Begonien und Beete mit Mittelmeerpflanzen vervollständigen die Pracht. Ein herrlicher Platz für einen entspannten Nachmittag mit einer anschließenden Tasse Tee im nahen Gartenlokal (The Regent's Bar & Kitchen).

Queen Mary's Garden im Regent's Park; tgl. 5.00 Uhr bis zum Dämmerung; www.royalparks.org.uk; U-Bahn: Baker Street

5 Japanisch-meditativ

Der kleine Kyoto Garten inmitten des weitläufigen Holland Park lädt zu einem ruhigen Spaziergang ein. Im Frühling taucht die Kirschbaumblüte alles in Rosa, im Herbst leuchten die Bäume und Sträucher von gelb bis dunkelrot. Eitel drehen Pfauen ihre Runden, am Fischteich plätschert der kleine Wasserfall über die Steine. Genau der richtige Platz zum beschaulichen Innehalten.

Holland Park: Zwischen Holland Park Avenue und Kensington High Street; tgl. ab 7.30 Uhr bis 30 Minuten vor Dämmerung; www.rbkc.gov.uk; U-Bahn: Kensington High Street

6 Berühmte Gräber in einer verwunschenen Welt

Die Stille auf einem Friedhof hat oft einen ganz eigenen Reiz. Der im Jahr 1839 eröffnete Highgate Cemetery ist da keine Ausnahme. Im älteren westlichen Teil findet man eine mit Efeu und Farnen überwachsene Gräberwelt mit Engelsstatuen und Obelisken, Katakomben und Mausoleen. Diese wie verwunschen wirkende Szenerie bekommt man allerdings nur im Rahmen einer Führung (Infos auf der Website) zu sehen. Im frei zugänglichen östlichen Teil kann man das Grab von Karl Marx besuchen, der hier zusammen mit seiner Frau Jenny, der gemeinsamen Tochter Eleanor und weiteren Familienmitgliedern sowie der ehemaligen Haushälterin Helene Demuth, mit der er ebenfalls ein Kind zeugte, bestattet wurde.

Highgate Cemetry: Swain's Lane, tgl. 10.00–17.00, im Winter nur bis 16.00 Uhr, Eintritt: £ 4,50; https://highgatecemetery.org; U-Bahn: Archway, Ausgang Highgate Hill

7 Grüne Kleinode

Auf einer Bank die Zeitung lesen, auf dem Rasen liegend das Mittagssandwich verspeisen oder ein Spaziergang mit der Freundin: Die grünen Squares sind zwar von Häuserzeilen umgeben, aber eine Freude für die Seele. Rasen, alte Bäume, Ziersträucher und Blumenrabatten erfrischen das Herz. Angelegt im 18. Jahrhundert, zeugen sie von der stadtplanerischen Weitsicht der Architekten.

Grosvenor Square und **Berkeley Square**, London-Mayfair, U-Bahn: Bond Street, Russell Square bzw. London-Bloomsbury, U-Bahn: Russell Square

Maßstab 1:15.000
0
300m
Primrose Hill
Regent's Park
London Zoo
CAMDEN TOWN
KING'S CROSS
SOMERS TOWN
REGENT'S PARK
MARYLEBONE
BLOOMSBURY
ST. PANCRAS
CLERKENWELL
Camden Town
Mornington Crescent
Euston Station
Euston
Euston Square
Warren St.
Gt.Portld.St.
Regent's P.
Baker Street
Marylebone
Edgware Road
Russell Square
Goodge St.
Holborn
King's Cross St.Pancras
King's Cross Station
St. Pancras
British Library
The British Museum
University College
University of the Arts
Madame Tussauds
Boating Lake
Marylebone Road
Euston Road
Pentonville Rd.
Gray's Inn Road
Tottenham Court Road
Great Portland Street
Baker Street
Gloucester Place
Albany Street
Hampstead Road
Eversholt Street
Camden High Street
Parkway
Delancey St.
Prince Albert Road
Caledonian Road
York Way
Southampton Row
Theobalds Road
Woburn Place
Upr.Woburn Pl.
Bloomsbury Square
Oxford Street
Holborn
Marylebone High Street
New Cavendish Street
Mortimer St.

GEGENSÄTZE ZIEHEN SICH AN

Vielfalt und Kontraste zeichnen die nördlichen Stadtteile aus: große Bahnhöfe wie King's Cross, St Pancras und Euston neben den Grünflächen von Regent's Park mit dem London Zoo, dazu Alternativkultur mit Food Trucks, schrägen Klamotten und Flohmarkt in Camden, kleinen Boutiquen und feinen Esslokalen in Marylebone. Und: das British Museum und die Universität in Bloomsbury und Fitzrovia. Hier gibt's für jeden etwas.

1 – 5 Marylebone/ Regent's Park

Das gediegen-schicke Marylebone lädt zum Bummeln ein, mit ausgesuchten Boutiquen, exquisiten Feinkostläden und kleinen Restaurants. Der nahe Regent's Park lockt mit dem Londoner Zoo, seiner Vielfalt an Pflanzen und genügend Platz für Sport und Entspannung.

SEHENSWERT

Der 1 **Regent's Park** (www.royalparks.org.uk, tgl. 5.00 Uhr bis zur Dämmerung, Bakerloo, Jubilee, Circle) wartet mit freien Rasenflächen, großem Baumbestand und etwa 100 Arten von Wildvögeln auf. Blumenliebhaber flanieren an viktorianischen Beeten vorbei durch den **Avenue Garden** oder im **Queen Mary's Garden** zu den 12 000 Rosen. Im sommerlichen **Open Air Theatre** sitzt man wie in einem Amphitheater und lauscht Musik oder einer Theateraufführung. Meditative Stille verbreitet **St John's Lodge Garden**. Familien erfreuen sich an den Spielplätzen oder dem **Boating Lake**, mit Ruder- und Tretbootfahrten. Von **Primrose Hill**, der nördlichen Hügelrasenfläche, hat man einen fantastischen Blick auf die Stadt.

ERLEBEN

Einen Teil des Parks nimmt der 2 **London Zoo** ein (Regent's Park, U-Bahn: Regent's Street, Camden Town, www.zsl.org/zsl-london-zoo, tgl. 10.00–18.00, im Winter bis 16.00 bzw. 17.30 Uhr). 1828 gegründet, leben dort Affen, Meerkatzen, Galapagos-Schildkröten, Pinguine und Nilpferde. Zu den Attraktionen gehören die Voliere Snowden Aviary, das Land of the Lions sowie das Rainforest Life.

MUSEEN

Im Wachsfigurenkabinett von 3 **Madame Tussauds** (Marylebone Road, U-Bahn: Baker Street, www.madametussauds.com/london/en, tgl. 10.00–17.00, im Winter bis 16.00 Uhr) trifft man lebensgroß auf Stars wie Angelina Jolie, Sportler wie Rafael Nadal, die Queen oder Prince William. Neben hohen Eintrittspreisen muss man vor allem im Sommer Zeit fürs Anstehen einkalkulieren. »Beratender Detektiv« ist die Berufsbezeichnung von Sherlock Holmes. Das fiktive Heim des Romanhelden kann man in dem privaten 4 **Sherlock Holmes Museum** (Baker Street 221 b, U-Bahn: Baker Street, www.sherlock-holmes.co.uk, tgl. 9.30 bis 18.00 Uhr) besuchen. Neben dem Kamin steht sein Sessel und liegen Pfeife, Hut sowie eine Geige. Weniger bekannt als viele der großen Londoner Museen ist die feine Gemälde- und Kunstsammlung der 5 **Wallace Collection** (Hertford House, Manchester Square, U-Bahn: Bond Street, Baker Street, Eintritt frei, tgl. 10.00–17.00 Uhr, www.wallacecollection.org). Die Privatkollektion von Sir Richard Wallace wurde nach seinem Tod Ende des 19 Jh. von seiner Witwe dem britischen Staat vermacht und ist seither im ehemaligen Stadtpalast der Familie Hertford untergebracht. Zu den Highlights zählen Gemälde von Rembrandt, Rubens, Canaletto, Hals, Tizian, französisches Porzellan und Mobiliar des 18. Jh.

RESTAURANTS

Das €€€€ **Palm Court Restaurant** im Langham Hotel (s. S. 100) rühmt sich, den Afternoon Tea erfunden zu haben. Mit fantasievollen Kuchenkreationen, Sandwiches und etwa 30 Tee-

Tipp

Kunstpause

Nach dem inspirierenden Museumsrundgang in der Wallace Collection schmeckt der Afternoon Tea im Café des überdachten Innenhofs besonders gut.

www.wallacecollection.org,
U-Bahn: Bond Street

Oben: Wenig Respekt vor dem Meisterdetektiv im Sherlock Holmes Museum. Rechts: Im Wachsfigurenkabinett von Madame Tussauds sind Selfies mit Promis jeglicher Couleur an der Tagesordnung.

sorten zelebriert man zwischen 14.00 und 18.00 Uhr einen luxuriösen Nachmittag (www.palmcourtlondon.co.uk/afternoon-tea).
€€ **La Fromagerie** (2–6 Moxon Street, U-Bahn: Baker Street, www.lafromagerie.co.uk, Mo.–Sa. 9.00–17.00, So. 10.00–16.00 Uhr) hat ein gutes Herz für Käsefreunde, denn hier werden allerhand europäische Sorten gehandelt. Dazu gibt es frisches Brot, und zum Probieren nimmt man im Café Platz.
Die warme Atmosphäre des €€ **Hoppers** (77 Wigmore Street, U-Bahn: Bond Street, www.hopperslondon.com/marylebone, Mo.–Sa. 12.00 bis 14.30, 17.30–22.30, So. 12.00–21.30 Uhr) trügt nicht. Die Gerichte verströmen die Aromen und Gewürze Sri Lankas mit Reismehlpfannkuchen (Hoppers), Dosas und Curries.

UNTERKUNFT
Seit 1865 ist die elegante viktorianische Luxusherberge €€€€ **Langham Hotel** (1C Portland Place, Tel. 020 76 36 10 00, U-Bahn: Oxford Circus, www.langhamhotels.com/en/the-langham/london) eine illustre Gästeunterkunft, in der sich schon Oscar Wilde, Mark Twain, Winston Churchill und Prinzessin Diana wohl fühlten.
Das €€/€€€ **Park Plaza Sherlock Holmes London** (108 Baker Street, Tel. 084 44 15 67 40, U-Bahn: Baker Street, www.parkplaza.com) beweist Nähe zum Namensgeber: Regelmäßig gibt es »Murder Mystery Partys«, beim Dinner spielt man selbst Detektiv. Einfach nur übernachten sowie Spa und Fitnessraum nutzen geht natürlich auch.

SHOPPING
Wie eine englische Bibliothek mit ausgetretenem Holzboden und einer Galerie aus Eichenholz wirkt **Daunt Books** (83 Marylebone High Street, U-Bahn: Baker Street, www.dauntbooks.co.uk, Mo.–Sa. 9.00–19.30, So. 11.00–18.00 Uhr), das sich auf Reiseliteratur spezialisiert hat.

Links: die neue Schalterhalle im Bahnhof King's Cross. Unten: Am Regent's Canal, Nähe Camden Lock Market. Unten links: Begegnung mit der Antike im British Museum (Elgin Marbles).

6 – 8 Fitzrovia/ Bloomsbury

Beide Viertel stehen traditionell für ihr studentisches Flair und herausragende Museen.

MUSEEN
Geradezu überwältigend ist die Sammlung des 6 **British Museum TOPZIEL** (Great Russell Street, U-Bahn: Holborn, Tottenham Court Road, Russell Square, www.britishmuseum.org, tgl. 10.00–17.30, Fr. bis 20.30 Uhr). Im Jahr 1848 wurde der neue Museumsbau für die sich ständig vergrößernde Sammlung eröffnet. Aufgewertet wurde der Museums-Innenhof seit dem Jahr 2000 durch Norman Fosters Glasdach. Zu den kulturhistorischen Schätzen aus aller Welt gehören der Stein von Rossette, die Elgin Marbles (Marmorstatuen und -friese des Athener Parthenon), ägyptische Mumien, Zeichnungen von Dürer und Michelangelo, archäologische Stücke des Grabs von Sutton Hoo und die mittelalterlichen Lewis-Schachfiguren.
Im 7 **Dickens Museum** (48 Doughty Street, U-Bahn: Russell Square, https://dickensmuseum.com, Di.–So. 10.00–17.00 Uhr) darf man nicht nur den Schreibtisch sehen, an dem der Hausherr die Bücher »Oliver Twist« und »Nicholas Nickleby« schrieb.
Literaturfreunde können das 8 **Haus von Virginia Woolf** zumindest von außen besichtigen. Eine blaue Plakette verweist auf ihren Wohnort (1907–1911) am Fitzroy Square 29.

RESTAURANT
Das kleine Bistro €€ **In Parma by Food Roots** (10 Charlotte Place, Tel. 020 81 27 42 77, U-Bahn: Goodge Street, www.in-parma.com, Mo.–Fr. 11.30–23.00, Sa./So. 13.00–22.30 Uhr) bringt authentisch-italienische Küche aus Parma auf den Tisch, unprätentiös und lecker: Schinken und Pancetta, Taleggio und Gorgonzola, Pastagerichte.

UNTERKUNFT
Das luxuriöse Hotel €€€€ **The Bloomsbury** (16–22 Great Russell Street, Tel. 020 73 47 10 00, U-Bahn: Tottenham Court Road, www.doylecollection.com) besticht durch hohen Komfort und seine Sonnenterrasse.

Das €€ **Thistle Holborn** The Kingsley (36–37 Bloomsbury Way, Tel. 020 75 23 50 59, U-Bahn: Holborn, www.thistle.com) liegt für Opernfans und touristische Ziele ideal.

9 – 14 King's Cross/ St Pancras

Die beiden benachbarten Bahnhöfe King's Cross und St Pancras wurden in den letzten Jahrzehnten grundlegend saniert. Das nördliche Gelände Richtung Granary Square und am Regent's Canal erfuhr eine bauliche Aufwertung und zog neues urbanes Leben mit hippen Lokalen und Galerien an.

SEHENSWERT/ERLEBEN
Seit seiner Einweihung im Jahr 1851 ist der Bahnhof 9 **King's Cross** ständig gewachsen. In den letzten Jahren wurde er grundlegend saniert und strahlt seither mit einem schwungvoll-luftigen Glas-Metalldach über der Schalterhalle. Unterm Dach: der Harry Potter Shop (https://harrypottershop.co.uk/pages/platform934), Mo.–Sa. 8.00–22.00, So. 9.00–21.00 Uhr) mit dem halben Gepäckwagen zum Gleis 9 ¾ daneben. Wer mit dem Eurostar nach London anreist, wird überwältigt sein vom Empfang in der viktorianisch-gotischen Bahnhofskathedrale des Bahnhofs 10 **St Pancras** (https://stpancras.com). Das nördliche Gelände mit Gleisen, Kanal und Straßen war einst ein wichtiger Verkehrsknotenpunkt. Wo früher Waren umgeschlagen wurden, pulsiert heute ein Kultur-, Arbeits- und Universitätsviertel. Am 11 **Granary Square** vor dem St Martins College für Art & Design belebt ein Brunnen mit über 1000 Düsen den Platz, abends besonders eindrucksvoll,, weil farbig beleuchtet. Daneben liegt das **House of Illustration** (2 Granary Square, Di.–So. 10.00–18.00 Uhr, www.houseofillustration.org.uk) für Grafikausstellungen.
Richtung **Regent's Canal** ist es vor allem im Sommer schön: Auf den Treppen kann man relaxen, einen Yoga-Kurs absolvieren oder Open-Air-Kino schauen. Im angrenzenden **Coal Drops Yard** locken edle Shops, Bars und Restaurants sowie der **Gasholder Park** zum Spazierengehen. Im **Camley Street Natural Park**, einer friedlichen Naturoase am Kanal, spürt man Enten, Vögel und Frösche auf (www.kingscross.co.uk). Das junge Kulturzentrum 12 **King's Place** (90 Yorkway, Ticket-Tel. 020 75 20 14 90, www.kingsplace.co.uk) bietet Raum für Konzerte, Kunstausstellungen, Comedy und Konferenzen.
Am Kanalbecken gegenüber beleuchtet das 13 **London Canal Museum** (2 New Wharf Road, Di.–So, 10.00–16.30 Uhr, www.canalmuseum.org.uk) den Handel auf den Kanälen.
Futter für Bildungshungrige bietet die 14 **British Library** (96 Euston Road, U-Bahn: King's Cross, www.bl.uk, Mo.–Do. 9.30–20.00, Fr. 9.30 bis 18.00, Sa. bis 17.00, So. 11.00–17.00 Uhr); in der John Ritblat Gallery sind die Magna Charta, die erste Ausgabe von Shakespeare's Stücken und Paul McCartney's handschriftliche

Notizen zu »Yesterday« zu bestaunen. Das Café wird vom gläsernen Bücherturm mit der Bibliothek von Georg III. umrahmt.

RESTAURANTS
Kurios: Wo 1865 in Englands erster Turnhalle Leibesübungen gelehrt wurden, darf heute getafelt werden. Das €€/€€€ **German Gymnasium** (1 King's Boulevard, Tel. 020 72 87 80 00, U-Bahn: King's Cross, Mo.–Sa. 8.00–23.00, So. ab 10.00 Uhr, www.germangymnasium.com) serviert deutsche Kost (Schnitzel, Currywurst).

UNTERKUNFT
Stilvoller als im 5-Sterne Luxushaus €€€€ **St Pancras Renaissance Hotel** (Euston Road, Tel. 020 78413540, U-Bahn: King's Cross) kann man in Bahnhofsnähe nicht wohnen.
Die bunte Fassade direkt gegenüber weist auf das €€/€€€ **Hotel Megaro** (Belgrove St, Tel. 020 78 43 22 22, U-Bahn: King's Cross, https://sphg.co.uk/megaro-hotel-kings-cross-london), geräumige Zimmer, ideal für Eurostar-Reisende.

15 – 17 Camden

Camden ist vor allem wegen seiner Märkte ein Anziehungspunkt. Sowohl auf der Camden High Street als auch in den Markthallen am Kanal entkommt man kaum dem Trubel an den Ständen mit Klamotten, Flohmarkt, Vintage & Co.

SEHENSWERT/ERLEBEN
Der 15 **Camden Market** (www.camdenmarket.com, U-Bahn: Camden Town) startete hier 1974 mit 16 Ständen und war ursprünglich nur am Samstag geöffnet. Heute gehört er zu den größten Märkten Londons und bietet täglich kreatives Handwerk, Selbstgeschneidertes, unabhängige Lables, Antikmöbel und Streetfood. Insgesamt beherrschen hier etwa 1000 Shops, Cafés und Buden die Szene.
Nachdem der Eisenbahnschuppen **Roundhouse** (Chalk Farm Road, U-Bahn: Chalk Farm, tgl. 9.30–17.00 Uhr, Ticket-Büro Tel. 0300 6 78 92 22, www.roundhouse.org.uk, verschiedene Bars, Dachterrasse) aufgegeben wurde, mutierte er zur Konzerthalle, wo in den 1970er-Jahren u.a. Pink Floyd auftraten. Nach der Schließung und Renovierung wird die Halle heute wieder für verschiedene Kulturveranstaltungen genutzt. Fans der früh verstorbenen Musikerin **Amy Winehouse** (1983–2011) pilgern zu ihrer Gedenkstatue im **Stables Market**, zu ihrem Lieblingspub 16 **The Hawley Arms** (2 Castlehaven Road, 020 74 28 59 79, www.thehawleyarms.co.uk, So./Mo. 12.00 bis 24.00, Fr./Sa. 12.00–1.00 Uhr) mit regelmäßigen Musik-Gigs oder zu ihrem ehemaligen Wohnhaus am **30 Camden Square**.

MUSEUM
Die Geschichte der britischen Juden wird im 17 **Jewish Museum** (Raymond Burton House, 129–131 Albert Street, U-Bahn: Camden Town, www.jewishmuseum.org.uk, Sa.–Do. 10.00 bis 17.00, Fr. bis 14.00 Uhr) anhand von Artefakten und der Holocaust Gallery dargestellt.

NICHTS FÜR WASSERSCHEUE

Am grün gesäumten Kanal die Landschaft vorbeiziehen lassen, alte und neue Bebauung bewundern, ruhig auf dem Wasser gleiten: Mit einer Kajak-Paddeltour auf dem Regent's Canal bekommt man ganz neue Eindrücke von London.

Das Pirate Castle ragt wie ein altes Fort trutzig aus dem Wasser. Von Piratenüberfall aber keine Spur. Die soziale Einrichtung unterstützt Kinder und Jugendliche und finanziert sich u.a. durch Bootstouren für Touristen. Hier startet unsere Paddeltour. Nach einer kurzen Trockenübung lassen wir die Boote zu Wasser, und der erfahrene Kajaklehrer leitet unsere Tour.

Wiesen, Sträucher und tiefhängende Weiden fassen den Kanal ein, der immer wieder von Brücken gequert wird. Elegante Häuser, modern gestaltete Wohnungen und alte Backsteingebäude tauchen auf. Bunt bemalte Narrowboats, die typischen Kanalboote, manche zu Hausbooten mit einem Gärtchen umfunktioniert, ankern entlang des Kanals. Die Treidelpfade am Ufer werden von Radlern genutzt, eine Entenfamilie schwimmt gemächlich neben uns.

Am roten Chinarestaurant Feng Shang Princess ändert sich unsere Richtung, bald erreichen wir den Londoner Zoo und das große Vogelgehege, das Snowdon Aviary. Hier drehen wir mit den Booten und paddeln zurück zu unserem Ausgangspunkt.

Kosten: £ 46, **Dauer: ca.** 90 Min.
Mitbringen: Wasserfeste Kleidung/Schuhe und je nach Wetterlage Regen- und Fleecejacke, Sonnencreme- und hut, Wechselkleidung, Flasche Wasser. Boot und Schwimmweste werden gestellt.
Treffpunkt: Pirate Castle, Oval Rd/Gilbey's Wharf
Internetadresse: www.airbnb.de/experiences/244679
Hinweis: Die über die Airbnb-Plattform gebuchten Kanutouren werden von Mitarbeitern des sozialen Projekts »Pirate Castle« (www.thepiratecastle.org) durchgeführt. Mit der Bezahlung der Tour werden die sozialen Projekte des Pirate Castle unterstützt.

Londons Außenbezirke

LANDLUST

Wie Perlen an einer Schnur reihen sich die royalen Gelände an der Themse. Östlich von Westminster: Greenwich mit der königlichen Marine. Westlich davon: Kew Gardens, die botanischen Gärten, gefolgt von Hampton Court, dem Lieblingspalast Heinrichs VIII., und Windsor Castle, dem Rückzugsort von Königin Elizabeth II. Nur das grüne Hampstead hat weder royale Wurzeln, noch liegt es an der Themse – bietet aber Ruhe und gutes Klima.

Bis auf die Zeit Wilhelm des Eroberers (1027/28–1087) reichen die Ursprünge von Windsor Castle zurück.

Mehr als 30 Jahre lang baute man an dem von Christopher Wren entworfenen Old Royal Naval College in Greenwich. Ursprünglich ein Marinehospital für alte und verwundete Seeleute, übernahm später die königliche Marine die Gebäude als Ausbildungsstätte für ihre Offiziere. Heute werden sie u.a. von der Universität Greenwich genutzt.

»ES WAR IM AUGUST; DER LONDONSTAUB WARD IMMER DICHTER UND DIE SEHNSUCHT NACH EINEM ZUGE FRISCHER LUFT IMMER GRÖSSER ...«

Theodor Fontane, »Ein Sommer in London«

Die Themse war immer die Lebensader von London. So siedelten nicht nur die ersten Römer am Fluss, auch spätere Herrscher bevorzugten wassernahe Orte. Greenwich wurde der Standort für die königliche Marine, die botanischen Gärten fanden Platz in den königlichen Lustgärten am westlichen Themseufer. Der große Herrscher Heinrich VIII. liebäugelte mit Hampton Court und ließ das Anwesen für seine Zwecke umbauen. Schloss Windsor mit seiner fast tausendjährigen Geschichte gilt als Wochenenddomizil der Herrscher und liegt erhöht an der Themse. Nur Hampstead kam ohne Fluss und Herrscher aus, ist aber ein bevorzugter Rückzugsort für viele Kreative und Gutbetuchte.

MARITIME VERGANGENHEIT AM FLUSS

In zahlreichen Filmen wird England als Seemacht gehuldigt, die unter Elisabeth I. im 16. Jahrhundert ihren Aufstieg begann. Sir Francis Drake umsegelte die Welt, Sir Walter Raleigh gründete die erste englische Kolonie in Nordamerika. Greenwich spielte die zentrale Rolle, als England die Weltmeere beherrschte. Noch heute zeugen viele Bauten von der maritimen Vergangenheit an diesem Ort etwa zehn Kilometer stromabwärts von Westminster. Wegen seiner Bedeutung für die Seefahrt wurde er 1997 als „Maritime Greenwich" in den Adelsstand eines Weltkulturerbes der UNESCO gehoben. Mit seiner Sternwarte, dem hier festgelegten Nullmeridian und der Greenwich Meantime für die Seefahrt hat sich Greenwich verdient gemacht. Den schönsten Blick auf die historischen Bauten hat man vom gegenüberliegenden Themseufer: Die symmetrische Anlage des Old Royal Naval College rahmt das Queens' House und das entfernt auf dem Hügel liegende Observatorium ein.

DER DUFT DER WEITEN WELT

Blumenpracht und Baumalleen, viktorianische Gewächshäuser mit fast ausgestorbenen Pflanzenarten, ein Baumwipfelpfad und riesige Seerosen, eine Parklandschaft am Themseufer: Die Royal Botanic Gardens in Kew sind einen Tagesausflug wert, um der Stadt zu entfliehen und die Seele in der Natur zu erfrischen. Im Ursprung gehen sie zurück auf die Gärten des Barons von Tewkesbury im 17. Jahrhundert, aber erst Prinzessin Augusta, Witwe des Prinzen von Wales, legte ab 1759 den wahren Grundstein für die Botanik in Form eines Heilkräutergartens, der noch heute existiert. Wissenschaftliche Reputation erwarb sich der Garten dann durch den Naturforscher Joseph Banks, der im 18. Jahrhundert mit James

Royal Botanic Gardens in Kew: Zur wissenschaftlichen Institution wurde der Garten, als der berühmte Botaniker Sir Joseph Banks 1773 die Leitung übernahm.

Das 1848 erbaute Palmenhaus bietet ideale Bedingungen für Tropenpflanzen und -fische.

Im modernen Davies Alpine House fühlt sich die alpine Pflanzenwelt wohl.

Mit seinen weißen Zinnen sowie den vielen Türmchen und Kaminen gilt der westliche Teil von Hampton Court Palace als Musterbeispiel für die Tudorarchitektur. Gegen Ende des 17. und im 18. Jahrhundert wurden große Teile im englischen Barockstil umgebaut.

In den Gemächern Heinrichs VIII. wird manchem gar königlich zumute.

Die Great Hall überspannt ein prächtiges Hammerbalken-Gewölbe, die Wandteppiche illustrieren die alttestamentarische Geschichte von Abraham.

Am Themseufer in Richmond lässt es sich prima flanieren und promenieren.

»Auf dem Lande« – in einer schon von William Turner geschätzten Szenerie – und doch immer noch im Londoner Stadtgebiet: Richmond Park

Special

Millennium Seed Bank Partnership

Samengold im Tresor

Kew Gardens ist einer der ältesten botanischen Gärten der Welt, und er betreibt seit jeher eine systematische Sammlung seltener Pflanzen und ihrer Samen. Darüber hinaus wird hier auch eine wissenschaftliche Samendatenbank aufgebaut: die Millenium Seed Bank.

In einem umfangreichen Lagergewölbe in Wakehurst in Surrey werden etwa zwei Milliarden Samen von 38 000 Arten gehortet. Zunächst war die Datenbank nur für Getreide gedacht, aber dann entwickelte sie sich zu einem gigantischen, weltweit vernetzten Pflanzendatenbank-Projekt.

Die Samen wilder, vom Aussterben bedrohter Pflanzen werden gesammelt, getrocknet und gefroren oder bei trocknungsempfindlichen Arten direkt mit Flüssigstickstoff blitzgefroren. So aufbewahrt, bleiben sie für spätere Generationen erhalten. Zudem werden ihre Daten wissenschaftlich erfasst. Auf diese Weise können sie für Forschungszwecke verwendet werden und bilden zugleich eine genetische Ressource für nachfolgende Generationen. Dank der ausgeklügelten Lagerung in Tiefkühlkammern können die Samen lange überleben und sind vielleicht in einigen Jahren nützlich, wenn sich das Klima weiter verändert. Ziel der Samenbank ist es, die Samen von 75 000 Pflanzenarten aufzunehmen.

www.kew.org

Ehrgeizige Pläne verfolgt man hier in Kew.

Cook um die Welt gesegelt war. Die dabei gesammelten Pflanzen katalogisierte und kultivierte er hier in den königlichen Gärten, deren (zunächst inoffizieller) Direktor er 1773 wurde. Als treibende Kraft bei der Weiterentwicklung verdankt Kew nicht zuletzt ihm die Ernennung zum Weltkulturerbe der UNESCO.

AM GRÜNEN THEMSESTRAND

Ein Stück stromaufwärts erreicht man Richmond und lässt schnell das großstädtische Treiben hinter sich. Ländliche Gemütlichkeit breitet sich aus mit hübschen Häusern aus dem 17. und 18. Jahrhundert, mit kleinen Läden und alten Kopfsteinpflastergassen. Eine Idylle direkt an der Themse, deren Uferpromenade dazu verführt, den Nachmittag zu verbummeln, sich ein Rad zu mieten oder mit dem Boot einen Ausflug auf dem Fluss zu machen. Oberhalb des Flusses breitet sich der riesige Richmond Park aus, ein Jagdrevier früherer Herrscher, das heute ein friedliches Miteinander von Mensch und Tier ermöglicht.

KÖNIGSPALAST AN DER THEMSE

Das herrschaftliche Hampton Court nötigte Heinnrich VIII. 1528 seinem Lordkanzler Thomas Wolsey ab, der Henrys Scheidung von seiner ersten Frau beim Papst nicht durchsetzen konnte, was

Windsor Castle, St George's Chapel (links im Bild): Hier gaben sich Prinz Harry und Meghan Markle im Mai 2018 das Jawort, hier wurde am 17. April 2021 Prinz Philip beigesetzt.

Changing of the Guard: Wachablösung in Windsor Castle

nicht nur ihn in Ungnade fallen ließ, sondern auch zur Trennung der englischen Kirche von Rom und zur Errichtung der Anglikanischen Staatskirche mit dem König als Oberhaupt führte. Die Lage an der Themse mit Bootsverbindung nach Westminster war ideal, denn auf den Landwegen zu fahren war damals beschwerlich. Heinrich VIII. ließ das Haus großzügig umbauen – schließlich brauchte der insgesamt sechsmal Verheiratete Platz für seine Familie samt Hofstaat. Der auf diese Weise entstandene Backsteinbau mit Türmchen, Kaminen und Zinnen gilt als gutes Zeugnis für die Tudor-Architektur. Auch Wilhelm III. bewohnte den Palast und ließ ihn nach seinen Vorstellungen im Barockstil umbauen. Erst Königin Viktoria gab 1838 den Palast für Besucher frei. Beeindruckend sind die ihn umgebenden Gärten.

DAS WOCHENENDHAUS DER QUEEN

Beim Namen „Windsor" denkt heute jeder an die königliche Familie. Dabei trägt diese den Namen erst, seit im Ersten Weltkrieg der Druck auf die deutschstämmigen englischen Royals zu groß wurde und König Georg V. den Namen Sachsen-Coburg und Gotha gegen Windsor tauschte – Namenspatron war das Schloss über der Themse. Aber mit dem Namen verbindet sich nicht nur ein Königspalast, sondern auch eine Kleinstadt

Stadtnahe Idylle: Nur vier U-Bahn-Stationen von Big Ben sind es bis Hampstead, wo unter anderem der Begründer der Psychoanalyse, Sigmund Freud, seine letzten Jahre verbrachte.

mit kopfsteingepflasterten Straßen, Boutiquen und Cafés. Das alles spielt sich im Schatten der Burg ab, die auf einem Kreidefelsen thront und jährlich etwa 1,5 Millionen Besucher aus aller Welt anlockt. Da heißt es früh aufstehen, wenn man das Wochenendhaus der Queen besichtigen möchte. Ein Rückzugsort war es schon für alle englischen Herrscher vor ihr, seit fast tausend Jahren – damit ist Windsor das am längsten durchgängig bewohnte Schloss der Welt.

Prächtig sind die State Apartments und die St George's Chapel, in der u. a. Georg VI., der Vater der Queen begraben ist ebenso wie ihr 2021 verstorbener Gemahl Prinz Philip und in der 2018 die Hochzeit von Prinz Harry mit Meghan Markle stattfand. Auf der gegenüberliegenden Flussseite liegt das berühmte Eton-College, *die* Privatschule für Gutbetuchte und diejenigen, die einmal Premierminister werden wollen.

AUF DEM GRÜNEN HÜGEL

Nicht am Fluss, sondern auf einem Hügel nördlich von London versprüht Hampstead dörflichen Charme mit kleinen Gassen, hübschen alten Häusern und der nahen Heidelandschaft Hampstead Heath. Seit jeher zog es Reiche, Intellektuelle und Künstler hierher, der guten Luft und des gesunden Wassers wegen, das aus vielen Quellen sprudelte und Hampstead im 17. und 18. Jahrhundert zum Kurort maacte. Der Well Walk erinnert bis heute daran. Der Maler John Constable verbrachte im 19. Jahrhundert einige Sommer hier und ließ sich von der Landschaft inspirieren. Sein Grab ist auf dem Kirchhof St-John-at-Hampstead zu finden. Auch der Dichter John Keats fand hier die Muße für sein Gedicht »Ode an die Nachtigall«. In den 1930er-Jahren fanden Emigranten wie Sigmund Freud und Oskar Kokoschka hier Unterschlupf. Heute sind es Celebrities wie Regisseur Ridley Scott, Fotomodell Kate Moss, Schauspieler Jude Law sowie die Musiker Sting und Liam Gallagher (Ex-Oasis), die hier zu Hause sind.

Brexit

BYE, BYE BRITEN

Als die Briten am 23. Juni 2016 darüber abstimmten, ob das Land in der EU bleiben solle oder nicht, ahnte niemand, dass sich die Mehrheit der Briten für das Verlassen der Gemeinschaft entscheiden würde. Vor allem die ältere und ländliche Bevölkerung in England und Wales war für den Austritt. Die Schotten, Nordiren und die Londoner hingegen hatten mehrheitlich für den Verbleib in der EU gestimmt. Das änderte nichts am knappen Ergebnis: 51,89 % pro Brexit.

Die damalige britische Premierministerin Theresa May – zunächst keine Brexit-Befürworterin – vor dem Europäischen Rat

Der Austrittsprozess begann offiziell am 29. März 2017, als die damalige Premierministerin Theresa May den EU-Rat schriftlich über den beabsichtigten Austritt informierte. Für die Verhandlungen waren zwei Jahre vorgesehen, doch das zog sich hin – seit dem 1. Januar 2021 gehört Großbritannien tatsächlich nicht mehr zum EU-Binnenmarkt und zur Zollunion.

BRITISCHE SONDERSTELLUNG

Die Briten hatten innerhalb der EU stets eine Sonderstellung. Erst 1973 traten sie der 1957 gegründeten Europäischen Wirtschaftsgemeinschaft (EWG) bei. Sie unterzeichneten weder das Schengen-Abkommen zur Abschaffung von Grenzkontrollen noch führten sie den Euro ein. Das hatte seine Gründe. 1990 waren die Briten dem EWS – dem europäischen Währungssystem beigetreten. Doch das Vertrauen in eine gemeinsame europäische Währung wurde durch den „schwarzen Mittwoch" erschüttert, als am 16. September 1992 Finanzspekulationen gegen das britische Pfund zu einer Wirtschaftskrise mit hoher Arbeitslosigkeit führten. So mehrte sich vor allem im konservativen Lager die Idee eines EU-Referendums. Die 1991 neugegründete, europaskeptische UKIP-Partei fand bis 2016 immer mehr Unterstützung. Um die EU-Skeptiker in den eigenen Reihen der Konservativen Partei zu besänftigen, versprach der zaghaft pro-europäische Premierminister Cameron im Falle seiner Wiederwahl 2015 eine Volksabstimmung bzw. ein EU-Referendum abzuhalten. Bis dahin wollte er mit der EU über eine Zuwanderungsreform verhandeln. Er kehrte mit fast leeren Händen aus Brüssel zurück und führte einen glanzlosen Wahlkampf. Als am Tag nach der Abstimmung das Ergebnis bekannt wurde, erklärte Cameron seinen Rücktritt und überließ die Brexit-Verhandlungen seinen Nachfolgern.

BREXIT VOLLZOGEN

Nach den erfolglosen Verhandlungen von Theresa May und ihrem Rücktritt übernahm ihr Nachfolger Boris Johnson die weiteren Austrittsverhandlungen mit der EU. Am 31. Januar 2020 traten die Briten aus der EU aus, doch

»GET BREXIT DONE!«

BORIS JOHNSONS WAHLKAMPFSLOGAN

Oben und links: Brexit-Gegner demonstrieren mit den Insignien der Europäischen Union gegen den Austritt des Vereinigten Königreichs aus der EU. »Die Briten, eigentlich als Pragmatiker bekannt, zeigen sich in der Frage des Brexits als Romantiker«, meinte dazu der britische Schriftsteller und ehemalige Professor für deutsche Sprache am Londoner King's College, Jeremy Adler: »Ihren Realitätssinn haben sie gegen Ideologie getauscht, denn fast jeder auf der Insel weiß inzwischen, dass der Brexit rational Unsinn ist.«

galt bis Ende 2020 eine Übergangsphase, in der Großbritannien noch zum EU-Binnenmarkt und zur Zollunion gehörte. Diese Zeitspanne war notwendig, um Handel und Verwaltung auf die Veränderungen vorzubereiten. Seit Januar 2021 gilt das Handel- und Kooperationsabkommen, das am 1. Mai 2021 endgültig in Kraft getreten ist. Es regelt nicht nur den Handel, sondern auch viele Kooperationen etwa in Justiz und Forschung.

Nun sind Zollformalitäten wie mit einem Drittland abzuwickeln. Für den industriellen Handel wurden diese Formalitäten möglichst einfach gestaltet. Doch der Austausch von Agrarprodukten, Fisch und Fleisch ist wegen der strengen Hygienevorschriften ungleich schwieriger geworden. Auch für kleinere Unternehmen und Privatpersonen wurde der Handel aufwendiger, etwa bei Bestellungen im Internet. Es sind Formulare auszufüllen, und es können Gebühren anfallen. Der Verwaltungsaufwand ist hoch und macht Produkte teurer.

FINANZPLATZ LONDON

Mit dem Austritt aus der EU haben auch die britischen Banken keinen Zugang mehr zum europäischen Markt. Das ist vor allem für den Finanzplatz London bedeutsam. Über 400 Finanzdienstleister haben Filialen in die EU nach Paris, Amsterdam, Frankfurt und Dublin verlagert. Britische Banken dürfen Beratungen mit EU-Bürgern nicht mehr von London aus führen. Jedoch sind bisher weniger Arbeitsplätze in Londons Finanzviertel verloren gegangen als anfangs befürchtet.

NEUE EINREISEBEDINGUNGEN

Für EU-Bürger hat sich bei der Einreise nach Großbritannien geändert, dass man seit dem 1. Oktober 2021 einen Reisepass braucht.

LONDON
WATFORD
BOREHAMWOOD
CHESHUNT
Waltham Abbey
Epping
LOUGHTON
CHIGWELL
BRENTWOOD
Chipping Ongar
Pilgrims Hatch
SLOUGH
WINDSOR
ETON
EGHAM
STAINES
SUNBURY
WALTON-ON-THAMES
WEYBRIDGE
ESHER
EWELL
EPSOM
BYFLEET
WOKING
LEATHERHEAD
BANSTEAD
TADWORTH
CATERHAM
WARLINGHAM
REIGATE
SEVENOAKS
DARTFORD
GRAYS
NORTHFLEET
GRAVESEND
Swanley
Westerham
Oxted
Amersham
Chesham
Beaconsfield
Rickmansworth
Chorleywood
Chalfont St Peter
Gerrards Cross
Uxbridge
Heathrow
Feltham
Hounslow
Richmond
Kingston upon Thames
Wimbledon
Croydon
Bromley
Sidcup
Bexley
Erith
Romford
Barking
Ilford
Hendon
Enfield
Potter's Bar
Tower Bridge
Westminster Abbey
Buckingham Palace
St Paul's Cathedral
Kew Gardens
Hampton Court
Thurrock
Clacket Lane
London Gateway
S.Mimms
Maßstab 1:280.000

AM FLUSS UND AUF DER HEIDE

Dem tosenden Verkehr in der Londoner Innenstadt entflieht man gern in einen grünen Außenbezirk: Greenwich, Richmond, Kew Gardens und Hampton Court sind mit dem Boot zu erreichen, ins dörfliche Hampstead gelangt man ganz einfach mit der Tube.

1 Greenwich

Die maritime Vergangenheit Londons wird hier wieder lebendig mit dem Observatorium, dem National Maritime Museum und der Cutty Sark. Der erste Gang führt ins Besucherzentrum Discover Greenwich (King William Walk, tgl. 10.00 bis 17.00 Uhr, so auch die Museen, Anreise: DLR, Jubilee Line oder per Boot von Westminster), wo man einen Überblick erhält.

Tipp

Am Nullpunkt

Für die Standortbestimmung auf See waren eine exakte Zeit und ein einheitlicher Längengrad vonnöten. 1714 wurde für die Lösung des Problems ein Preis ausgelobt. Der Uhrmacher John Harrison schaffte es, Uhren zu bauen, die selbst auf hoher See exakt liefen. Damit konnten erstmals die Zeit und so auch der Längengrad auf See bestimmt werden. Die Festlegung eines einheitlichen **Nullmeridians** erfolgte aber erst auf einer Konferenz 1884 mit Greenwich als Standort. Noch heute richtet sich die Seefahrt nach der Greenwich Mean Time, die bis 1972 als Weltzeit galt. Wer mit einem Fuß in der östlichen und mit dem anderenin der westlichen Hemisphäre stehen möchte, kann dies im Hof des Royal Observatory tun.

www.rmg.co.uk/royal-observatory/meridian-line-and-historic-observatory, tgl. 10.00–17.00 Uhr, Eintritt mit dem Ticket zum Royal Observatory: £ 16

Die heute in Greenwich auf dem Trockendock liegende Cutty Sark, ein im Jahr 1869 vom Stapel gelaufener Tee- und Wollklipper, war einmal eines der schnellsten Segelschiffe der Welt.

SEHENSWERT/MUSEEN
An Bord des 1869 fertiggestellten Tee- und Wollklippers **Cutty Sark** (King William Walk, £ 13,50, www.rmg.co.uk/cutty-sark), eines der schnellsten Segelschiffe seiner Größe und Zeit, bekommt man einen Eindruck vom damaligen Leben der Schiffsleute. In dem von Christopher Wren gebauten **Old Royal Naval College** (King William Walk, Eintritt frei; tgl. Führungen 11.00, 12.30, 13.30, 15.00 Uhr, www.ornc.org) wurden bis 1997 die Kadetten zu Offizieren ausgebildet. Heute wird sie u.a. von der Greenwich University genutzt. Die **Painted Hall**, der ehemalige Speisesaal, beeindruckt mit ihrer Wand- und Deckenbemalung. Schiffsmotive finden sich in der Kapelle. Die Geschichte der britischen Seefahrt wird im **National Maritime Museum** (Eintritt frei, www.rmg.co.uk/national-maritime-museum) lebendig: mit Dampfturbinen, Schiffsschrauben, der Barke (1732) von Prinz Frederick von Wales, Galionsfiguren und Lord Nelsons Uniform aus der Schlacht von Trafalgar. Eine eigene Etage ist den Handelswegen und der Sklaverei gewidmet. Das **Queen's House** (Eintritt frei, www.rmg.co.uk/queens-house) fasziniert durch seine bemalten Decken und die Tulpentreppe, ein Meisterwerk des Architekten Inigo Jones. Vor dem von Karl II. gegründeten **Royal Observatory** (Blackheath Avenue, Eintritt £ 14,40, www.rmg.co.uk/royal-observa tory) verläuft der Nullmeridian.

RESTAURANT
€€€ The Old Brewery (The Pepys Building, Tel. 020 34 37 22 22, Mo.–Sa. 10.00–23.00, So. bis 22.30 Uhr, www.oldbrewerygreenwich.com) auf dem Gelände des Old Royal Naval College hält Craft Beer und traditionelle britische Küche bereit.

2 Kew Gardens

Im Südwesten Londons nahe der Themse breitet sich mit den **Kew Gardens** TOPZIEL (Kew Road, tgl. ab 10, variable Schließzeiten zwischen 16.15 und 19.30 Uhr, www.kew.org, Eintritt: £ 16, U-Bahn District: Kew Gardens, Zone 3, mit dem Boot April–Okt. zwischen Kew u. Westminster £ 15, http://wpsa.co.uk, ca. 90 Min.) eine riesige Parklandschaft aus historischen Gewächshäusern, seltenen Pflanzen und einer atemberaubenden Artenvielfalt aus.

SEHENSWERT

Tropisches Regenwaldklima herrscht im 1848 erbauten Gewächshaus **Palm House**, das in seiner Form einem umgekehrten Schiffsrumpf ähnelt. Hier wachsen Palmen, Kautschuk-, Kakao- und Kaffeepflanzen, die bereits im 18. Jh. von den reisenden Botanikern nach England verbracht wurden. Im nach fünfjähriger Renovierung seit Sommer 2018 wieder geöffneten **Temperate House** gedeihen 1500 verschiedene Pflanzen von allen Kontinenten. Spaß macht der **Treetop Walkway**: In 18 Meter Höhe wandelt man durch die Kronen der Parkbäume und bekommt einen Blick auf die Landschaft, der sonst nur Vögeln vorbehalten ist. Ehrung und Mahnung an die Honigbiene gleichermaßen bietet **The Hive**: Die Licht- und Soundinstallation aus 170 000 Aluminiumplatten und 1000 LEDs überträgt die Geräusche aus echten Bienenstöcken in Kew. Weitere Highlights sind die chinesische Pagode, das Waterlily House (Teichrosen) und das Princess of Wales Conservatory, das Artenvielfalt von der Wüste bis zum tropischen Regenwald zeigt. In Kew Palace (April–Sept. tgl. 10.30 bis 17.30 Uhr) lebte der geistig verwirrte König Georg III. Besichtigen darf man u.a. die royale Küche, den Heilkräutergarten Queen's Garden aus dem 17. Jh. sowie Queen Charlotte's Cottage (April–Sept. Sa./So. 11.00–16.00 Uhr).

CAFÉS/RESTAURANT

Auf dem Gelände von Kew Gardens gibt es verschiedene Selbstbedienungs-Cafés, die kleine Gerichte, Kuchen und Getränke anbieten.
In **€€€ The Botanical** (beim Palm House Pond, tgl. 10.00–18.30 Uhr) sollte man vorbuchen (Tel. 020 83 32 51 55, auch online über www.kew.org).

3 Richmond

Mit der District Line braucht man nur etwa 30 Minuten, um in den ländlichen Frieden von **Richmond** TOPZIEL zu gelangen.

Links: im Park von Hampton Court kann man sich auch kutschieren lassen. Darunter: beim Wochenmarkt in Richmond. Unten: ein Ausflugsboot auf der Themse bei Richmond.

SEHENSWERT/ERLEBEN

Nur noch wenige bauliche Reste zeugen vom mittelalterlichen königlichen Palast am **Richmond Green**. Das riesige Areal von **Richmond Park** (tgl. 24 Std., außer Nov./Feb., dann nur 7.30–20.00 Uhr, www.royalparks.org.uk/parks/richmond-park) war einst königliches Jagdrevier. Heute ist genug Platz für Rehe, Hirsche, Spaziergänger und Radler.
Das sommerliche Vergnügen einer **Bootstour auf der Themse** von Richmond nach Kingston oder Hampton Court verspricht eine entspannte Art, sich dem ländlichen und historischen England zu nähern (März–Sept. Di.–So. 3–4-mal tgl., ab Richmond Bridge, www.turks.co.uk/st-helena-pier-richmond, hin/zurück ab £ 11).

RESTAURANT

Ländliche Idylle im Gartencenter mit italienischer Slowfood-Küche und frischen saisonalen Zutaten bekommt man in den **€€€€ Petersham Nurseries** (Church Lane, Off Petersham Road, Mi./Do. 12.00–19.00, Fr./Sa. bis 22.30, So. bis 17.00 Uhr; Teehaus: Mi.-So. 10.00–17.00 Uhr, https://petershamnurseries.com).

4 Hampton Court Palace

Den Prachtbau in der Themseschleife verdankt London vor allem König Heinrich VIII., der den Palast für seine Frauen, deren Kinder und Gefolge großzügig umgestalten ließ.

SEHENSWERT

Durch ein Tor gelangt man in den ersten Innenhof, den **Base Court**. Von hier gibt es verschiedene Rundwege durch den Palast mit den Räumen Heinrichs VIII. und den Gemächern von Wilhelm III. Imposant ist die 32 m lange **Great Hall** mit Hammerbalkengewölbe und Wandteppichen. Die Dimensionen der Küche mit Bier- und Weinkeller zeugen von der Anzahl der Bewohner, die verköstigt werden mussten (und von ihrem Durst). Ein Spaziergang durch die weitläufigen **Gartenanlagen** ist unerlässlich: der ornamentale Barockgarten von Wilhelm III., der Teichgarten und der Knotengarten und ein zur Tudorzeit angelegter Tennisplatz. Wer noch nicht genug lustgewandelt ist, kann sich im Maze, einem Heckenirrgarten, verlaufen (East Molesey, ca. 25 km südwestl. von London, per Bahn ab Waterloo Station ca. 30 Min. oder mit Thames River Boats (www.wpsa.co.uk, £ 19, April–Okt. tgl. 10.00–18.00, Nov.–März nur bis 16.30 Uhr, £ 24,50, inkl. Audioguide, Zutritt zu Palast und Gartenanlagen, www.hrp.org.uk/hampton-court-palace).

CAFÉS

Auf dem Gelände von Hampton Court Palace bieten zwei Cafés (10.00–17.30 Uhr) kleine Gerichte, Suppen, Kuchen und Getränke. Im Fountain Court Café (nur im Sommer) wird Afternoon Tea serviert.

5 Windsor Castle

Das Schloss ist die Lieblings-Wochenendresidenz der Queen.

SEHENSWERT

Für die Besichtigung sollte man etwa 2,5 bis 3 Std. einplanen (Nov.–Feb. 10.00–16.15, März bis Okt. 10.00–17.15 Uhr, £ 23,50 inkl. Multimediaguide, reduzierte Tickets, wenn die State Apartments geschlossen sind; Semi State Apartments nur von Nov.–Ende Feb.; St George's Chapel Mo.–Sa. bis 16.15 Uhr, Evensong

Tipp

Karriereschmiede

Das renommierte **Eton College** wurde im Jahr 1440 von Heinrich VI. für arme, begabte Schüler gegründet, die eine kostenlose Schulbildung erhalten sollten. Heute müssen Schüler ohne Stipendium mindestens £ 42 000 an jährlichen Schulgebühren berappen, plus einige tausend Pfund für Sport- und Musikunterricht sowie die elegante schwarze Schuluniform. Da verwundert es nicht, wenn sich die Schule nur wohlsituierte Familien leisten können. Zu den Absolventen zählen Mitglieder des Königshauses und 19 Premierminister. Die Tour durchs College ist deshalb interessant, weil sie auch Einblicke ins Schülerleben gibt, das im Mittelalter sicher kein Zuckerschlecken war.

Eton College, Windsor, www.etoncollege.com/Visits.aspx, Für eine Führung: Anfrage über die website

um 17:15 Uhr; Changing of the Guard: Extraticket buchen; www.royalcollection.org.uk/visit/windsorcastle, Anreise: Bahn bis Windsor&Eton Central; Bus: Green Line ab Victoria Coach Station.) Die **State Apartments** sind das Herzstück des Schlosses und so prunkvoll ausgestaltet, weil Karl II. mit seinem französischen Cousin Ludwig XIV. in Versailles in Konkurrenz lag. Georg IV. ließ weitreichende Änderungen vornehmen: so kamen das **Waterloo-Zimmer** und die **Semi State Rooms**, seine Privatgemächer, hinzu. Beeindruckend sind nicht nur die rotgoldschimmernden Wände und das üppige Mobiliar, sondern auch die Gemäldesammlung mit Werken von Holbein, Van Dyck und Rubens. Am Ende des Rundgangs gelangt man in die 56 m lange **St George's Hall**. Das **Queen Mary's Doll House** fasziniert durch seine Detailtreue. An dem Puppenhaus ist alles echt, von den Büchern der Bibliothek bis zur Toilettenspülung und dem Weinkeller. Drei Jahre lang arbeiteten 1500 Handwerker an dieser Miniaturausgabe. Die **St George's Chapel** ist seit 1348 die Ordenskapelle der Hosenbandritter, dem auch die Queen angehört. Zehn Monarchen liegen hier begraben und seit April 2021 auch Prinz Philip.. Bemerkenswert ist die fächerförmige Deckenkonstruktion. Wer noch Kondition für weitere Besichtigungen hat, überquert den Fluss und besucht die Privatschule **Eton College** (s. Tipp).

RESTAURANT

Im **€€€ The Boatman** (10 Thames Side, Windsor, Tel. 0 1753 620010, http://boatmanwindsor.com) an der Themse schmeckt der Drink auf der Terrasse, dazu gibt es einige italienische Tapas oder Tagliatelle mit Meeresfrüchten.

6 Hampstead

Der nördliche Stadtteil Hampstead lockt mit frischer Luft, pittoresker Kulisse und dörflichen Straßen.

SEHENSWERT/MUSEEN

Sehenswert sind nicht nur die architektonische Gestaltung von **Kenwood House** und sein Interieur, sondern auch die Gemäldesammlung mit Werken von Rembrandt, Vermeer, Van Dyck und Gainsborough (tgl. 10.00 bis 17.00, Dez. bisMärz bis 16.00 Uhr, Eintritt frei, www.english-heritage.org.uk/visit/places/ken wood). Auch **Keats House**, in dem der Dichter im 19. Jh. zwei Jahre lebte, kann besichtigt werden (10 Keats Grove, Mi.–So. 11.00–17.00 Uhr, Eintritt £ 7.50, Führung 13.30 u. 15.00 Uhr). Das **Burgh House** zeigt die Geschichte Hampsteads (New End Square, Haus und Museum: Mi.–Fr, So. 12.00 bis 17.00 Uhr; Eintritt frei).

RESTAURANT

€€€ The Wells Tavern (30 Well Walk, Tel. 020 77 94 37 85, https://thewellshampstead.co.uk, Mo.–So. 12.00–15.00, Mo.–Sa. 19.00 bis 22.00, So. bis 21.30 Uhr). Nach einem langen Spaziergang gönnt man sich hier ein gutes Steak und ein Pint.

HINAUF INS GRÜNE

Ein Spaziergang auf Hampstead Heath ist zu jeder Jahreszeit eine willkommene Abwechslung für stadtmüde Touristen. Auf einer Fläche von drei Quadratkilometern lädt der Park zur Erkundung seiner ausgedehnten Heidelandschaft ein.

Die Rundwanderung beginnt am Parliament Hill Café und folgt zunächst dem Pfad Richtung »ponds«, einer kleinen Reihe von Teichen. Mit etwas Glück entdeckt man dort Fischreiher, Haubentaucher oder Kormorane. Bald setzt sich der Weg auf der Millfield Lane fort; ein Ort, zu dem angeblich der Dichter John Keats kam, um den Nachtigallen zu lauschen. Hügelaufwärts ist wenig später der steinerne Brunnen für Henry Goodison erreicht, der sich für die Rettung von Kenwood House einsetzte. Das eisenhaltige Wasser, das das Brunnenbecken verfärbte, galt schon im 17. Jahrhundert als gesund, weshalb viele Menschen hierher pilgerten.

Blick vom Parliament Hill in Richmond auf die Londoner Skyline

Das klassizistische Kenwood House aus dem 17. Jahrhundert ist die nächste Station. Es wurde samt Gemäldesammlung vom Erben der Guiness-Brauerei, dem 1. Earl of Iveagh, dem britischen Staat gestiftet. Wer das Haus besichtigen möchte, unterbricht den Spaziergang hier.

Der Rundwanderweg setzt sich in südwestlicher Richtung fort, passiert bald das Westfield Gate und ein kleines Waldstück. Ein Graben, alte Bäume und Steine sind Landschaftsmarkierungen, die durch die Angelsachsen geprägt wurden. Sobald sich der Weg nach Osten wendet, ist Parliament Hill erreicht. Hier liegt einem London ganz hauptstädtisch zu Füßen – ein wunderbarer Ort zum Rasten. Der weitere Pfad führt zum Ausgangsort zurück.

U-Bahn: Tufnell Park (Northern Line), dann ca. 15 Min. Fußweg oder Overground bis Gospel Oak Station, dann 10 Min. Fußweg
Rundwanderweg: ca. 6 km, Wanderzeit ohne Pausen und Besichtigung ca. 1,5–2 Stunden
Einkehrmöglichkeit: im Café von Kenwood House oder Parliament Hill Café (9.00–16.30, im Sommer bis 21.00 Uhr).

Oben links: in der Savile Row. Oben rechts: in den Food Halls von Harrods. Darunter: Blick vom Piccadilly Circus in die Regent Street.

HILFREICH & NÜTZLICH

Praktische Informationen für die Reise und einiges Wissenswerte über London haben wir hier für Sie zusammengefasst.

Anreise

Flugzeug: Heathrow im Südwesten (www.heathrow.com) fliegen alle großen Fluglinien von Deutschland, Österreich und der Schweiz an. Nach Stansted im Norden (www.stanstedairport.com) fliegen die meisten Billig-Airlines. Für die An- und Abreise von und zu den Flughäfen hat man die Wahl zwischen U-Bahn (nur Heathrow), Bahn und Bus.
Bahn: Umweltfreundlicher reist man mit dem Eurostar. Über Brüssel oder Paris kommt man durch den Ärmelkanaltunnel im Bahnhof St Pancras an – sehr zentral.
Auto: Wer mit dem eigenen Auto anreist, sollte an den Linksverkehr denken und wissen, dass in der Innenstadt und im Großraum London Maut anfällt (Congestion Charge; Infos: https://tfl.gov.uk/modes/driving/congestion-charge).

Auskunft

Internet: Umfassend informieren www.visitbritain.com und www.visitlondon.com. Die englischsprachigen Seiten www.londontown.com, www.londononline.co.uk und www.timeout.com/london sind Info- und Buchungsbörse mit kulturellen Tipps.
Touristinformation vor Ort: City of London Information Centre (St Paul's Churchyard, Tel. 020 73 32 14 56, www.visitthecity.co.uk, Mo. bis Sa. 9.30–17.30, So. 10.00–16.00 Uhr).

Dokumente

Seit dem 1. Oktober.2021 ist bei der Einreise ein gültiger Reisepass erforderlich. Für das Auto braucht man Führerschein, KfZ-Schein und die grüne Versicherungskarte (vorher prüfen, ob Großbritannien in der Versicherung abgedeckt wird!). Bei Mitnahme von Medikamenten wird geraten, einen Begleitbrief des verschreibenden Arztes mit sich zu führen (Name, Adresse, Geburtsdatum, Beginn und Ende der Reise, Liste der mitgeführten Medikamente, inkl. Dosierung und Gesamtmenge).

Feiertage

1. Jan.: Neujahr
März/April: Karfreitag und Ostermontag
1. Mo. im Mai: Bank Holiday
Letzter Mo. im Mai: Bank Holiday
Letzter Mo. im Aug.: Bank Holiday

Info

Daten & Fakten

Geografische Lage: London liegt im Südosten der britischen Insel auf 51° 30′ nördlicher Breite und 0° 8′ westlicher Länge (der Nullmeridian geht durch Greenwich). Die Stadt erstreckt sich auf einer Länge von mehr als 44 km an der Themse entlang; etwa 75 km weiter mündet der Fluss in die Nordsee. Greater London umfasst eine Fläche von 1572 km².
Bevölkerung: In Greater London leben etwa 8,9 Mio. Einwohner (Bevölkerungsdichte: 5667 Einwohnern pro km²). Historische Entwicklungen seit dem 17. Jh. bescherten London immer wieder Einwanderungswellen: aus Frankreich vertriebene Hugenotten, von Hungersnöten geplagte Iren, geflüchtete osteuropäische Juden, Italiener im 20. Jh., Polen im 21. Jh. sowie Menschen aus den ehemaligen britischen Kolonien wie der Karibik, Indien, Bangladesch, Pakistan, Hongkong und Afrika. Das ergab bis heute ein Völker-, Religions- und Sprachengemisch mit 300 Sprachen, sechs großen Religionsgruppen und einer ethnischen Konzentration auf bestimmte Stadtteile: Inder in Southall, Jamaikaner in Brixton, Bangladescher im East End.
Verwaltung und Wirtschaft: London umfasst 32 Stadtbezirke (Boroughs) und die City of London. Alle Boroughs haben eine eigene Finanz- und Kommunalpolitik. Eine Sonderstellung hat der älteste Teil der Stadt, die City of London, mit eigener Verwaltungsbehörde und eigenem Bürgermeister (dem Lord Mayor – nicht zu verwechseln mit dem Mayor of Greater London). Finanzinsidern gilt die City of London als eine der größten Steueroasen der Welt. Seit Mai 2016 lenkt der britisch-pakistanisch-stämmige Sadiq Khan von der Labour-Partei, der zuvor als Anwalt für Menschenrechte tätig war, als erster muslimischer Bürgermeister die Geschicke von Greater London.
Der Hafen Tilbury an der Themsemündung gehört mit zu den großen Containerhäfen Großbritanniens. Hauptwirtschaftsfaktor ist der Finananzsektor, in dem die Stadt seit 1986 an erster Stelle mitspielt; auch am Tourismus verdient London gut. Die größten Unternehmen des Landes sowie – noch – viele Globalplayer Europas haben ihren Hauptsitz in London. Die Stadt ist auch das bedeutendste Medienzentrum des Landes.

Stadt im Wandel: Londons Skyline (hier ein Blick vom Skygarden des »Walkie Talkie«-Hochhauses auf »The Shard«) verändert sich seit Jahren unaufhörlich.

25./26. Dez.: Weihnachten. Wenn der 1. Januar oder der 25. und 26. Dezember auf einen Samstag oder Sonntag fallen, folgt der Feiertag am darauffolgenden Wochentag. Am 25.12. ruht der öffentliche Verkehr fast im ganzen Land.

Geld

Währung ist das Pfund Sterling, angegeben mit GBP oder £. Ein Pfund hat 100 Pence (p). Es gibt Geldscheine zu £ 5, £ 10, £ 20 und £ 50 sowie Münzen zu 1 p, 2 p, 5 p, 20 p, 50 p, £ 1, £ 2. Geldwechseln ist an den Flughäfen und größeren Bahnhöfen, bei Banken und den Postämtern möglich. Geldautomaten (Cash Points, ATM oder Hole-in-the-wall) sind in genügender über ganz London verteilt; mit Karten wie Visa, Master Card oder Maestro kann man problemlos Geld abheben. Allerdings sollte man sich vorher über die Gebühren informieren, die beim Abheben entstehen.

Gesundheit

Von deutschen gesetzlichen Krankenkassen ausgestellte Europäische Krankenversicherungskarten (EHICs) sowie Provisorische Ersatzbescheinigungen (PEBs) können bei vorübergehenden Aufenthalten im Vereinigten Königreich im bisherigen Format weiterhin eingesetzt werden. Besucher und Touristen haben mit einer EHIC wie bisher Anspruch auf medizinisch notwendige Behandlungen beim NHS. Privat Krankenversicherte sollten sich vorab beim Versicherer informieren. Die von einer Schweizer Krankenkasse ausgestellte Europäische Krankenversicherungskarte ist seit 1. Januar 2021 in Großbritannien nicht mehr gültig. (Informationen beim Bundesamt für Sozialversicherungen BSV der Krankenkasse). Der Abschluss einer privaten Reisekrankenversicherung wird für alle Reisenden empfohlen.

Hotels & Unterkunft

Ausgewählte Hotelempfehlungen finden Sie auf den Infoseiten der einzelnen Kapitel.

Preiskategorien

€€€€	Doppelzimmer	über 200 £
€€€	Doppelzimmer	150–200 £
€€	Doppelzimmer	100–150 £
€	Doppelzimmer	70–100 £

Öffnungszeiten

Geschäfte sind in der Regel von 9.00 bis 17.30 Uhr geöffnet, viele kleine Supermärkte in der Innenstadt haben bis 20.00/21.00 Uhr offen. Auch am Sonntag kann man zwischen 12.00 und 18.00 Uhr einkaufen. Bei Museen etc. muss oft vorab ein Zeitfenster online gebucht werden.

Restaurants

In London isst die ganze Welt, und so verschieden wie die ethnischen Gruppen sind auch ihre Gerichte: Man findet u.a. arabische, afrikanische, brasilianische, chinesische, indische, italienische, koreanische, peruanische und portugiesische Küche. Einige ausgewählte Restaurantempfeh-

Info

Geschichte

43 n. Chr.: Der römische Kaiser Claudius erobert das keltische Britannien und gründet am Nordufer der Themse Londinium.
61: Keltenaufstand unter der Stammesfürstin Boadicea.
449/450: Ende der römischen Herrschaft und Besetzung Britanniens durch die Angeln, Sachsen und Jüten.
796: Lundenwic wird Hauptstadt der Angelsachsen des Reichs Essex.
886: Unter Alfred dem Großen erhält die spätere »City of London« Selbstverwaltungsrechte.
1016: Unter Knut I. wird London zur Hauptstadt Englands.
1045–1065: Eduard der Bekenner lässt seine Klosterkirche in Westminster im romanischen Stil erbauen.
1066: Krönung des Normannen Wilhelm der Eroberer in der Westminster Abbey.
1078: Der Tower of London wird errichtet.
1176: Baubeginn der ersten Steinbrücke (London Bridge) über die Themse.
1189: Unter Richard Löwenherz wird der erste Lord Mayor der Stadt ernannt.
1215: König Johann ohne Land unterzeichnet die Magna Carta Libertatum, die »große Urkunde der Freiheiten«. Fortan darf London den Bürgermeister selbst wählen.
1245–1269: Westminster Abbey wird im gotischen Stil neu errichtet.
1265: Das erste Parlament Englands tagt in Westminster.
1348: Die Pest wütet in London, etwa 30 000 Menschen sterben.
1485: Mit Heinrich VII. auf dem Thron beginnt die Tudor-Herrschaft.
1539: Heinrich VIII. bricht mit dem Papst und erklärt sich zum Oberhaupt der anglikanischen Kirche.
1565: Thomas Gresham gründet die Börse.
16. Jh.: England entwickelt sich zur Seemacht, London wächst als Handelsmetropole.
1605: Guy Fawkes, ein radikaler katholischer Offizier, versucht König Jakob I. und das englische Parlament wegen der Verfolgung der Katholiken in die Luft zu sprengen.
1665: Etwa 100 000 Menschen fallen der Pest zum Opfer.
1666: Das Great Fire of London zerstört vier Fünftel der Stadt.
1710: Die St Paul's Cathedral wird durch Christopher Wren fertiggestellt.
1750: Bau der Westminster Bridge.
1824: Eröffnung der National Gallery.
1851: Erste Weltausstellung im Crystal Palace.
1863: Erste U-Bahn der Welt fährt in London.
1894: Eröffnung der Tower Bridge.
1936: Thronfolger Eduard VIII. dankt ab, um die bürgerliche Wallis Simpson zu heiraten. Sein Bruder Georg VI. kommt auf den Thron.
1940/41: The Blitz: Angriffe der deutschen Luftwaffe auf London.
1952: Königin Elisabeth II. besteigt den Thron.
1960er-Jahre: Mit Mode und Musik prägen die Swinging Sixties die Stadt.
1979: Margaret Thatcher wird die erste Premierministerin.
1986: Big Bang: Durch Reform und Öffnung der Börse wird London zum Finanzplatz.
1997: Trauer um Prinzessin Diana.
2005: Bombenanschläge auf U-Bahn und Busse mit über 50 Toten.
2011: Hochzeit von Prinz William mit der bürgerlichen Kate Middleton.
2012: Zum dritten Mal finden die Olympischen Sommerspiele in London statt. 60-jähriges Thronjubiläum der Königin.
2016: Bei einem Referendum stimmt Großbritannien für den Austritt aus der EU.
2017: Mehrere terroristische Angriffe, Brand des Grenfell Tower mit 80 Toten.
2018: Hochzeit von Prinz Harry mit der US-Schauspielerin Meghan Markle.
2020/2021: Die Corona-Pandemie hat auch Großbritannien hart getroffen.
2021: Im April stirbt kurz vor seinem 100. Geburtstag Prinz Philip, Duke of Edinburgh und Ehemann von Elisabeth II.

Info

Wetterdaten

	Tages-Temp. max.	Tages-Temp. min.	Tage mit Niederschlag	Sonnenstunden pro Tag
Januar	6°	2°	15	1
Februar	7°	2°	13	2
März	10°	3°	11	4
April	13°	6°	12	5
Mai	17°	8°	12	6
Juni	20°	12°	11	7
Juli	22°	14°	12	6
August	21°	13°	11	6
September	19°	11°	13	5
Oktober	14°	8°	13	3
November	10°	5°	15	2
Dezember	7°	4°	15	1

lungen finden Sie auf den Infoseiten der jeweiligen Kapitel.

Preiskategorien

€ € € €	Hauptspeisen	über 20 £
€ € €	Hauptspeisen	15–20 £
€ €	Hauptspeisen	10–14 £
€	Hauptspeisen	unter 10 £

Strom

In Großbritannien benötigen Sie einen Adapter, da die Netzspannung 240 Volt/ 50 Hz ist und die Steckdosen dreipolig (three-pin) sind. Oft haben diese einen An/Aus-Schalter.

Telefon/Internet

Vorwahlen aus England nach Deutschland: 0049, nach Österreich: 0043, in die Schweiz: 0041, dabei entfällt die 0 für die Ortsvorwahl. Vorwahl nach London von D, A, CH: 0044, auch hier entfällt die Null für die Ortsvorwahl 020. Mit dem Handy kann man in London problemlos im englischen Partnernetz telefonieren.

Trinkgeld

Üblich sind 10–15 %. Sehen Sie im Restaurant zuerst auf die Rechnung – oft ist das Trinkgeld (service charge) bereits hinzuaddiert worden. Bei Getränken im Pub ist kein Trinkgeld üblich.

Zeit

In Großbritannien herrscht Greenwich Mean Time – eine Stunde hinter der MEZ (Mitteleuropäischen Zeit). Sommerzeit ist von Ende März bis Ende Oktober. Bei Ankunft in London werden die Uhren um eine Stunde zurückgestellt. Uhrzeiten werden mit a.m. (= 0–12 Uhr) und p.m. (= 12–24 Uhr) angegeben.

Zoll

Seit dem 1. Januar 2021 gelten für Reisende die gleichen Reisefreimengen wie bei Rückreisen aus anderen Drittländern bzw. Nicht-EU-Staaten (z.B. Einfuhr von Alkohol und Tabak, www.zoll.de). Werden die Freimengen überschritten, müssen sie beim Zoll angemeldet werden. Nimmt man teurere Geräte (Kamera, Laptop), Schmuck mit, empfiehlt es sich über deren Herkunft einen Nachweis vorzulegen (www.gov.uk/uk-border- control).

»Die Stadt selbst verdankt ihren Charakter und ihr Erscheinungsbild der Themse« (Peter Ackroyd).

REGISTER

Fette Ziffern verweisen auf Abbildungen

Impressum

2. Auflage 2022

Verlag: DuMont Reiseverlag, Postfach 3151, 73751 Ostfildern, Tel. 0711/4502-0, Fax 0711/4502-343, www.dumontreise.de
Geschäftsführer: Dr. Stephanie Mair-Huydts, Markus Schneider
Programmleitung: Birgit Borowski
Redaktion: Robert Fischer (www.vrb-muenchen.de)
Text: Birgit Weber
Exklusiv-Fotografie: Georg Knoll
Titelbild: huber images/Massimo Ripani (Big Ben und London Eye)
Zusätzliches Bildmaterial: S. 34 Sunset Box/Allpix/laif, 39 mauritius images/Ganna Martysheva/Alamy, 72 (Tipp) mauritius images/Franziska Maier, 73 mauritius images/Alamy/Andriy Blokhin, 87 mauritius images/Alamy/Monica Wells, 110 Wiktor Dabkowski / eyevine / laif, 111 (2) Eric TSCHAEN/REA/laif, 120 o. mauritius images/Westend61/Angel Santana Garcia, 121 o./u. picture-alliance/DUMONT Bildarchiv/Martin Sasse
Grafische Konzeption, Art Direktion, Layout: fpm factor product münchen
Cover-Gestaltung: CYCLUS · Visuelle Kommunikation, Stuttgart
Kartografie: © MAIRDUMONT GmbH & Co. KG, Ostfildern
Kartografie Lawall (Karten für „Unsere Favoriten")
DuMont Bildarchiv: Marco-Polo-Straße 1, 73760 Ostfildern, Tel. 0711/4502-0, bildarchiv@mairdumont.com

Anzeigenvermarktung: MAIRDUMONT MEDIA, Tel. 0711/4502-0, Fax 0711/4502-1012, media@mairdumont.com, http://media.mairdumont.com
Vertrieb Zeitschriftenhandel: PARTNER Medienservices GmbH, Postfach 810420, 70521 Stuttgart, Tel. 0711/7252-212, Fax 0711/7252-320
Vertrieb Abonnement: Leserservice DuMont Bildatlas, Zenit Pressevertrieb GmbH, Postfach 810640, 70523 Stuttgart, Tel. 0711/7252-265, Fax 0711/7252-333, dumontreise@zenit-presse.de
Vertrieb Buchhandel und Einzelhefte: MAIRDUMONT GmbH & Co KG, Marco-Polo-Straße 1, 73760 Ostfildern, Tel. 0711/4502-0, Fax 0711/4502-340
Reproduktionen: PPP Pre Print Partner GmbH & Co. KG, Köln
Druck und buchbinderische Verarbeitung: NEEF + STUMME GmbH, Wittingen
Printed in Germany

FSC
www.fsc.org
MIX
Papier aus verantwortungsvollen Quellen
FSC® C001857

Urlaub erinnern …

Wenn jemand eine Reise tut, dann kann er was erzählen. Und nicht nur das: Er nimmt auch etwas mit. Erinnerungen an die schönste Zeit im Leben.

ENGLISCHE HÖFLICHKEIT

Nach vielen Besuchen in London habe ich mir angewöhnt, es den Engländern gleich zu tun und im Laden, in der Bank, im Restaurant, egal wo ich etwas bestelle oder frage, meinem Satz ein »bitte« anzufügen und mich danach zu bedanken. »Please« und »Thanks« sind wichtige Höflichkeitsformeln des britischen Zusammenlebens. Auch hierzulande wirken sie – ein nettes Lächeln ernte ich dafür gerne.

DIE QUEEN WINKT

Wenn am zweiten Juniwochenende in London die traditionelle Geburtstagsfeier der Queen abgehalten wird, fährt die Queen winkend in ihrer Kutsche über The Mall. Eine Souvenir-Queen habe ich mir im Museumsshop gekauft: Nun steht sie mit ihrer Solarzellen-Handtasche auf meinem Fensterbrett und winkt mir bei Sonnenschein zu.

LONDON FLAIR

Auch die beiden märchenhaften »Paddington«-Filme um den putzig-chaotischen Bären aus Peru, der Mitglied der Familie Brown wird, zaubern London-Atmosphäre ins heimische Wohnzimmer.

ENGLISCHER BLUMENDUFT

Gerade im Sommer sind die Londoner Parks besonders schön. Um mich an den betörenden Duft des Rosengartens in Regent's Park im Juni zu erinnern, gibt es ein ganz einfaches Rezept für das Zuhause in unseren heimischen Gefilden: Ich hole ich mir einfach einen schönen Strauß Rosen vom Wochenmarkt, stelle sie bei mir auf, atme tief ein – und fühle mich gleich wieder in den Londoner Garten versetzt.

TEEGENUSS FÜR DAHEIM

Das Ladenlokal der Traditionsmarke Twinings (Flagship Store in London: 216 Strand) bietet eine unübersehbare Vielfalt an Teesorten. Klassische Schwarztees sind Assam, Earl Grey und Darjeeling, Ceylon oder Lapsang Souchong. Es gibt sie als „loose leaf", als losen Tee, oder in Form von „teabags" – Teebeutel. Meine Empfehlung: Ein Paket Darjeeling für den Afternoon Tea mitnehmen. Sie können aber auch eine Ente darin braten oder ein Risotto damit verfeinern. Die Rezepte dazu finden Sie auf www.twinings.de.

»FÜR MICH GIBT ES NICHTS SCHÖNERES, ALS MICH MUSIKALISCH AN LONDON ZU ERINNERN: Z.B. MIT ADELE'S „HOME TOWN GLORY", MIT „LONDON CALLING" VON THE CLASH ODER „WATERLOO SUNSET" VON DEN KINKS.«

Birgit Weber, Autorin

VIRTUELLES MUSEUM

Was ich mir in den wunderbaren Museen vor Ort nicht in Ruhe ansehen konnte, hole ich dank ihrer hervorragenden Internetseiten zu Hause nach. Vom Sofa aus bestaune ich die schönsten Ausstellungsstücke im Victoria & Albert Museum (www.vam.ac.uk) wie im British Museum (www.britishmuseum.org), oder ich klicke mich durch die National Gallery (www. nationalgallery.org.uk/visiting/virtual-tours).

REZEPT FÜR 10 SCONES

Zum klassischen Afternoon Tea gehören Scones. Die können Sie sich auch gut selber machen:

Zutaten:
250 g Mehl
1 EL Backpulver
½ TL Salz
50 g Butter
150 ml Milch
200 ml Sahne
Erdbeermarmelade

Zubereitung:
Ofen und Backblech vorheizen. Mehl, Backpulver, Salz und Fett zu feinen Krümeln mischen; Milch zugeben, Teig kneten, 2 cm dick ausrollen und 6 cm große Kreise ausstechen. Auf das vorgeheizte Backblech legen, mit Milch bestreichen. Bei 230° C für 10 Min. backen; Sahne schlagen und mit Erdbeermarmelade zu den warmen Scones reichen.

PUBLIFE

Englische Pubs, von denen in London noch viele historische erhalten sind (s. S 52/53), strahlen ein unvergleichliches Flair aus, mit holzvertäfelten Wänden, fein geschliffenen Glasscheiben, Kronleuchtern, Kaminfeuer und dicken Teppichen. Dieses Ambiente findet man zu Hause eher selten, aber ein englisches Bier schmeckt auch daheim. Pale Ale, Bitter und Craft Beer gibt's in manchen Supermärkten oder über Internetportale (z.B. https://english-shop.de; www.britische-biere.de).

PRO
GRAMM

FRANKREICH SÜDWESTEN OKZITANIEN

Eine faszinierende Vielfalt zeichnet die südfranzösische Region zwischen der Rhone und der Grenze zu Spanien aus mit nahezu unberührten Landschaften wie den Cevennen und tollen Städten wie Toulouse und Montpellier.

Die schönsten Bastiden Kennen Sie Aigues-Mortes, Mirepoix oder Najac? Nein? Müssen Sie kennenlernen. Es sind mittelalterliche Städtchen von unglaublichem Reiz.

www.dumontreise.de

NORDSEEKÜSTE SCHLESWIG-HOLSTEIN

Platt ist das Land In Dithmarschen, auf der Eiderstedter Halbinsel, in Nordfriesland, auf Sylt, Amrum und Föhr, auf Pellworm, Nordstrand und natürlich auf den Halligen.

Genussmomente am Meer Ein kaltes Bier mit den Füßen im warmen Sand, deftiger Pannfisch in den Dünen, ein Cocktail zum Sunset am Kliff – die schönsten Locations für Genussmomente.

LIEFERBARE AUSGABEN

DEUTSCHLAND
207 Allgäu
216 Altmühltal
220 Bayerischer Wald
180 Berlin
162 Bodensee
217 Brandenburg
175 Chiemgau, Berchtesg. Land
013 Dresden, Sächsische Schweiz
152 Eifel, Aachen
157 Elbe und Weser, Bremen
168 Franken
020 Frankfurt, Rhein-Main
112 Freiburg, Basel, Colmar
028 Hamburg
026 Hannover zw. Harz und Heide
042 Harz
023 Leipzig, Halle, Magdeburg
210 Lüneburger Heide
188 Mecklenburgische Seen
038 Mecklenburg-Vorpommern
033 Mosel
190 München
047 Münsterland
223 Nordseeküste Schleswig-Holstein
006 Oberbayern
161 Odenwald, Heidelberg
035 Osnabrücker Land, Emsland
002 Ostfriesland, Oldenburger Land
164 Ostseeküste Mecklenburg-Vorpommern
154 Ostseeküste Schleswig-Holstein
201 Pfalz
040 Rhein zw. Köln und Mainz
185 Rhön
186 Rügen, Usedom, Hiddensee
206 Ruhrgebiet
149 Saarland
182 Sachsen
159 Schwarzwald Norden
045 Schwarzwald Süden
018 Spreewald, Lausitz
008 Stuttgart, Schwäbische Alb
141 Sylt, Amrum, Föhr
204 Teutoburger Wald
170 Thüringen
037 Weserbergland
173 Wiesbaden, Rheingau

BENELUX
156 Amsterdam
011 Flandern, Brüssel
179 Niederlande

FRANKREICH
177 Bretagne
021 Côte d'Azur
032 Elsass
228 Frankreich Südwesten Okzitanien
019 Korsika
213 Normandie
001 Paris
198 Provence

GROSSBRITANNIEN/ IRLAND
187 Irland
202 London
189 Schottland
227 Südengland

ITALIEN/MALTA/ KROATIEN
181 Apulien, Kalabrien
211 Gardasee
222 Golf von Neapel, Kampanien
163 Istrien, Kvarner Bucht
215 Italien, Norden
005 Kroatische Adriaküste
167 Malta
155 Oberitalienische Seen
158 Piemont, Turin
014 Rom
165 Sardinien
003 Sizilien
203 Südtirol
039 Toskana
091 Venedig, Venetien

GRIECHENLAND/ ZYPERN/ TÜRKEI
034 Istanbul
016 Kreta
176 Türkische Südküste, Antalya
229 Zypern

MITTEL- UND OSTEUROPA
104 Baltikum
208 Danzig, Ostsee, Masuren
169 Krakau, Breslau, Polen Süden
044 Prag
193 St. Petersburg

ÖSTERREICH/ SCHWEIZ
192 Kärnten
004 Salzburger Land
196 Schweiz
226 Tirol
197 Wien

SPANIEN/PORTUGAL
043 Algarve
214 Andalusien
150 Barcelona
025 Gran Canaria, Fuerteventura, Lanzarote
172 Kanarische Inseln
199 Lissabon
209 Madeira
174 Mallorca
225 Porto, Nordportugal
007 Spanien Norden, Jakobsweg
219 Teneriffa, La Palma, La Gomera, El Hierro

SKANDINAVIEN/ NORDEUROPA
166 Dänemark
212 Finnland
153 Hurtigruten
029 Island
200 Norwegen Norden
178 Norwegen Süden
151 Schweden Süden, Stockholm

LÄNDERÜBERGREIFENDE BÄNDE
224 Donau – Von der Quelle bis zur Mündung
112 Freiburg, Basel, Colmar
221 Kreuzfahrt in der Ostsee

AUSSEREUROPÄISCHE ZIELE
183 Australien Osten, Sydney
109 Australien Süden, Westen
218 Bali, Lombok
195 Costa Rica
024 Dubai, Abu Dhabi, VAE
160 Florida
036 Indien
205 Iran
027 Israel, Palästina
111 Kalifornien
031 Kanada Osten
191 Kanada Westen
171 Kuba
022 Namibia
194 Neuseeland
041 New York
184 Sri Lanka
048 Südafrika
012 Thailand
046 Vietnam